歴史文化ライブラリー

294

邪馬台国の滅亡

大和王権の征服戦争

若井敏明

吉川弘文館

目　次

邪馬台国と大和政権――プロローグ

わたしの邪馬台国体験

三世紀、当時中国から倭と呼ばれていた日本列島の一部のことを記した『魏志倭人伝《ぎしわじんでん》』によれば、そこには卑弥呼《ひみこ》という女王が君臨し、その都が邪馬台国《やまたいこく》であったという。その邪馬台国の所在地は、『魏志倭人伝』に里程、方位、日程が記されているにもかかわらず、いまだに定説がない。この邪馬台国の位置をめぐっては、すでに江戸時代から論争がくりかえされ、今日、国民の関心をもっともあつめる歴史学上の話題となっている。

わたしがはじめて邪馬台国という国がかつて日本列島に存在したこと、そしてその所在地について畿内説と九州説が対立していることを知ったのは、雑誌『ＣＯＭ《コム》』で、手塚治虫のライフワークともいえる大河コミック『火の鳥』の「黎明編《れいめい》」を読んだときであった。このコミックの舞台が邪馬台国だったのである。もちろん、当時小学生のわたしに答えを出せるはずもなく、ただ自分が奈良市に住んでいることから、ばくぜんと畿内・大和《やまと》にあればいいなと思ったぐらいであった。

このコミックのなかでは、阿蘇山《あそさん》をおもわせる火山と、有明海《ありあけかい》とおぼしき海にちかい国を邪馬台国が征服するシーンなどがあり、日本神話に登場する神々の名前を援用して、邪馬台国は大和であるかのような場面設定だったが、時代考証については奔放なことで定評のある手塚治虫であるから、もとより学説と同一視できるものではない。手塚の目的は歴史を描くことではなく、もっとほかにあったのだが、そのことについて論じるには他に適任者がおられるであろう。

その後、中学生になって、ややくわしい日本の歴史を学ぶようになり、邪馬台国についてあらためて興味をいだくようになった。松本清張の『古代史疑』や井上光貞の『日本国家の起源』など、どれほど理解していたかはともかくとして、邪馬台国問題の古典ともいえる書物を手にしたのもそのころであり、それらの本をとおして『魏志倭人伝』にも接した。といって中学生にどれほどのことがわかろうか。九州説の本を読めば九州説が、畿内説に触れれば畿内説が正しいと思われて、容易に結論がでない。邪馬台国熱は高校生のころまでは持続していたが、やがて大学で本格的に日本史を勉強するころには（本格的に習得できたかは別問題だが）すっかり冷めてしまっていた。これは、学術的な雰囲気のなかで、邪馬台国を論じるのは場違いだという感じを漠然と抱くようになっていたせいでもある。

じじつ、アカデミズムのなかでは、邪馬台国は一種特別なあつかいをうけていたように思える。つまり、この問題は、アマチュア歴史愛好家やさらにマニアやジャーナリズムが扱うものであって、なにかまっとうな歴史学の対象ではないような印象がつきまとっていた。それは、この問題が江戸時代以来、結論が出ないという、一筋縄ではいかないほど複雑なものであるとともに、邪馬台国にかんする資料が『魏志倭人伝』ひとつであることから、所在地論争があたかも一枚の暗号の地図をたよりにした宝探しの様相を呈してきて、歴史研究者に胡散臭さを感じさせるようになっていたせいでもあろう。

だが、この宝探しはぜひやりとげなければならない宝探しなのである。

古代史上の邪馬台国

日本における完成された古代国家は律令《りつりょう》国家だとされている。律令国家がいつ成立したかについては議論があるが、その出発点は多くの場合、六四五年からはじまった一連の国政改革、いわゆる大化改新《たいかのかいしん》にもとめられている。そこでは、中国、唐《とう》の制度を模範とした国政改革がすすめられたが、そのような機運はさらに、遣隋使を派遣して積極的に当時の中国王朝、隋《ずい》の制度を取り入れようとした聖徳太子による政治にまでさかのぼる。

だが、ここで重要なのは、この古代国家は、まったく新しく構想されたものではなく、それまでの国家体制あるいは政治体制のなかから生まれてきた側面もまたもっていたことである。つまり、律令国家はそれ以前のいわゆる大和政権とつながる部分が多いのである。そのことは、律令国家を統治、運営した天皇や律令貴族が大和政権の構成員であったというひとことでもあきらかであろう。したがって、律令国家の本質を理解するには、その直接の前身である大和政権を理解する必要があるのである。そして、さらに重要なことに、近代いや今日までの日本国家が古代国家を継承する側面を有しているということがある。つまり、われわれがこの日本国家を理解するためには、古代国家の本質を知る必要があるわけだが、それは律令国家からさらにその前代の大和政権を知らなければ完全ではない。

古代史はたんに過ぎ去った日々を追究するだけのものではなく、今日の日本国家を理解するうえにかかせない学問なのである。

では、律令国家の前身である大和政権はいかなる政治組織だったのだろうか。あるいは、『魏志倭人伝』に記述されている倭国と大和政権との関係はどのようなものだったのだろうか。これらの問題は、まさに日本の古代史を論じるうえでの土台ともいえるものなのである。そして、そのことを考えるには、邪馬台国の位置を確定することが、必要不可欠の課題といってよい。

邪馬台国論争と考古学

ところが、新井《あらい》白石《はくせき》・本居宣長《もとおりのりなが》にはじまる過去二〇〇年にわたる論争が示しているように、『魏志倭人伝』の伝える情報だけでは邪馬台国の所在地を確定することは無理だといっていい。本書では邪馬台国の所在地をめぐる論争には立ち入らないが、二〇世紀初頭の白鳥庫吉《しらとりくらきち》と内藤湖南《こなん》の論争から数えても、すでに一〇〇年になんなんとしている。その内容については、佐伯有清《さえきありきよ》の『研究史邪馬台国』と『研究史戦後の邪馬台国』にくわしい。さらに近年では、たんなる研究史ではなく近代史学史の題材ともなって、注目すべき研究が発表されている（千田稔《せんだみのる》『邪馬台国と近代日本』、小路田泰直《こじたやすなお》『「邪馬台国」と日本人』、佐伯有清『邪馬台国論争』など）。しかし、かんじんの邪馬台国問題については、いまだに定見が出たとはいいがたい状況がつづいている。そこで今日、それを補うものとしてもっぱら注目されているのが、考古学の知見である。そして、それによれば、邪馬台国の所在地としては畿内・大和が有力であるという。

わたしは考古学については門外だが、邪馬台国大和説が有利である理由としては、魏の鏡と思われる三角縁神獣鏡《さんかくぶちしんじゅうきょう》が畿内を中心に分布することと、奈良県桜井市の纏向《まきむく》遺跡の発見、そして卑弥呼の墳墓が古墳だと考えられることにあるようにみえる。

だが、わたしにはこれらは決定的な物証ではないと思われる。ここでなによりも大切なのは、邪馬台国の位置についての問題とは、三世紀の前半に中国の魏王朝との間で交渉をもった卑弥呼の都がどこだったかということであって、その時代にどこが先進地域であったかなどという問題とは直接は関係がないということである。したがって、纏向遺跡がいかに突出した遺跡であろうと、古墳が畿内・大和で発祥しようと、邪馬台国の位置についての決め手とはなりえない。

たとえで話そう。戦国時代末期、大友宗麟《そうりん》をはじめとする九州の大名がローマに使節を送ったことがあった。もし現在、その派遣主体がわからなくなっていたとして、それを当時もっとも有力な大名が派遣したという前提で考察すれば、安土城《あづちじょう》の壮麗さなどから、まず織田信長が想定されるであろう。安土や堺あたりから南蛮わたりのギヤマンの壺でも出土しようものなら、決定的な証拠といわれるかもしれない。しかし、事実はそれとはちがう。この議論の間違いの原因は、ローマへの使節派遣は当時の最有力大名がおこなったはずだという前提にあるわけだが、考古学による邪馬台国所在地論には、それに似たような危うさがあるようにわたしには感じられるのである。

国内史料への心理

では、邪馬台国問題は解決することのできないものなのだろうか。

ここで留意しなくてはならないのが、『古事記』『日本書紀』（以下『記紀』とも記す）をはじめとする国内の史料の存在である。それらを用いれば、倭国や邪馬台国、あるいは初期大和政権にかんして、さらに具体的な事象の復元が可能である。にもかかわらず、これまで国内史料の使用については、あまりにも懐疑的な、あるいは慎重な態度が支配しすぎていた。

そして、『記紀』などの国内史料を用いた研究にたいする学界の対応はあまりに冷淡であった。たとえば、田中卓《たなかたかし》氏は戦後一貫して国内史料を利用した古代国家論を提唱してきたが（『日本国家の成立』など）、その主張は反論すらされず、無視されつづけてきた。同様のことは、神武東征から邪馬台国東遷説を主張する安本美典《やすもとびてん》氏にたいしてもいえる。

また、日本古代史の大御所といえる坂本太郎の研究は、多くの分野で継承されてきたが、『国家の誕生』などで示された大和政権についての見解は受け継がれているとはいいがたい。

このような傾向は現在もつづいているようにみえる。たとえば、かつて大化改新否定論をひっさげて学界を震撼させた原秀三郎《はらひでさぶろう》氏が、埼玉県の稲荷山古墳《いなりやまこふん》出土の鉄剣銘文の発見などをきっかけに、『記紀』など国内史料を重視すべきことを主張している（『日本古代国家の起源と邪馬台国』など）。ところが、改新否定論については議論百出した学界が、今回はすっかり鳴りをひそめ、原氏の議論にかかわろうとはしないのである。さらに、かくいうわたし自身、神武天皇の東征を再検討すべきだと述べたばかりに、歴史学の自殺行為とまで酷評されたことがある。

だが、はたしてそのようなことでよいのだろうか。事態がこのようになったのは、戦前右翼から告発された津田左右吉《つだそうきち》の研究が、戦後は一転、いわば金科玉条のようになったことが原因であろう。それにはあるいは政治的なものも絡んでいようが、津田史学に依拠することで、戦前、世界に冠たるものと讃えられた万世一系の日本の国体がじつは虚妄なものであったこととなり、そこに一種のカタルシスを感じる向きがあったのかもしれない。

しかし、考えてみれば、万世一系か否かは学問的に追究される課題であって、戦後ようやく自由にそれができるようになったときに、特定の学説が正統視され、事実上議論が封じられたのは、学問にとっての不幸であったといえる。万世一系に至上の価値があるという主張にたいして反発を感じる人々にとって、じつはそうではなかったのだということになれば、それは痛快なことかもしれない。しかし、過去にたいしてかくあってほしい、あるいはかくあってほしくはないといくら熱望しても、そのことで歴史をゆがめてはならない。問題は特定の歴史事象に特別な価値を認めるかどうかということであって、そのことに反発するあまり、歴史事象そのものをなかったことにしようというのはあまりに行き過ぎた議論であると思う。これと同様の構図が、近現代史では左右ところを変えて繰り広げられている。

もちろん、わたしがこのように述べても、大半の古代史家は『記紀』などへの懐疑的な姿勢は純学問的なものであって、ここで憶測するようなことはないと主張するであろう。しかし、当事者がどういおうと、ただでさえ史料のすくない古代史の分野で、残された史料を積極的に活用しようというしごくもっともなことが企てられても、かたくなにそれを拒否しつづけ、反論すらせずに黙殺に走るのみならず、場合によっては感情的な対応すらとるというのは、その根底に学問とはまた別のなんらかの心理的要素があるとでも思わないかぎり、わたしには説明が困難である。

あるいは、『記紀』などについては、なんらかの方法でその史実性が証明された部分だけを使うべきだという主張もあるかもしれない。しかし、もともと史料が僅少で、文献としては『記紀』以外に残っていない場合、そのような態度では『記紀』によって古代史を考えることはほぼ永久にできない。しかも、そのような一見慎重な態度が、いっぽうでは史料的な制約をはずすほうに作用して、この時代についてあまりにも奔放な推論の展開を許してきたのである。いいかえれば、戦後の古代史学では、いかに『記紀』という史料が描いている歴史像と異なった歴史過程を復元するかに努力が傾けられたといってよい。このことはけっして看過してはならない。

本書の立場

ところが、これらに多大の労力と時間が費やされている間に、いっぽうでは、埼玉県の稲荷山古墳出土の鉄剣銘文をはじめ、『記紀』の記述を裏づける発見がなされてきた。もし『記紀』が信用度の低い史料であるならば、なによりももっと数多く『記紀』と相いれない発見があってしかるべきではないか。それがあまり報じられないということは、個々の事象の信憑性をこえて史書としての『記紀』自体の信用度が高いと解すべきではないのだろうか。

　そもそも、たとえ後世の史料とはいっても、大和政権を直接の前身としている律令国家が主張しているみずからの来歴を、無視ないしは軽視して大和政権の問題を論じることが可能だとは、わたしにはどうしても考えられない。そこで本書では、『記紀』を中心とする国内の文献史料を積極的に援用して、倭国や邪馬台国、大和政権とそれに服属した地域王権、さらに大和政権の地方支配の拡大過程や支配機構、神話・伝承などについての考察をくわえた。戦後古代史の大勢に背を向けて、あえてこの挙に出る理由については、ここまで述べてきたことでおわかりいただけたと思うが、じつはわたしには勝算がある。というのは、もし国内史料がいわれるようないかがわしい内容であるならば、それによって研究をすすめるなかで、かならずしや自己撞着や他の史料との矛盾をおこすであろうということである。『記紀』の史料としての限界は、そのなかでおのずとあきらかになるであろう。プディングの味は食べてみなければわからない——。

　なお、この考察にあたってのわたしの立場は、最終的には統一国家を形成する大和政権もまだ畿内・大和の一地域政権だったという観点を欠いてはいけないということだ。その王権や神話をふくめて、大和政権は特別な存在ではなかったのである。つまりわたしは、大和政権を相対化したうえで、その統一過程を追いたいのであって、本書はその簡単な見通しを示したにすぎない。その見通しには、現在の一般的な見解とは異質な点があるだろうが、それはわたしの見解が奇異だからというより、今日の研究が『記紀』の描く歴史像といかに乖離《かいり》しているかを示しているのである。本書全体をつうじてこのことをわたしはうったえたかったのである。

倭国と邪馬台国

倭国と大和王権

邪馬台国はどこか

プロローグで述べたように、『魏志倭人伝』によれば、三世紀前半、この日本列島のどこかに邪馬台国という国があり、そこには女王卑弥呼が君臨していたという。この邪馬台国の所在地が、江戸時代以来種々論じられていながら、いまなお決定的な結論に達していない古代史上最大の謎なのだが、それは情報が足らないからなのではなく、情報間に矛盾が存在するからなのである。そこでまず、『魏志倭人伝』の記述をみてみよう。

「倭人は帯方《たいほう》の東南大海の中にあり。山島に依りて国邑《こくゆう》をなす。旧《もと》百余国。漢の時朝見する者あり、今、使訳《しやく》通ずる所三十国」という文章ではじまる『魏志倭人伝』の記事はおおきくわけて、三つの部分からなる。最初が邪馬台国までの行程記事で、さらに倭人の風俗を記した部分、魏との交渉を記した部分がつづく。まずは問題の行程記事を記そう。

郡より倭に至るには、海岸に循《したが》って水行し、韓国を歴《へ》て、乍《あるい》は南し乍は東し、その北岸狗邪韓国《くやかんこく》に到る七千余里。始めて一海を度《わた》る千余里、対馬国に至る。その大官を卑《ひ》狗《く》といい、副を卑奴母離《ひなもり》という。居る所絶島、方四百余里ばかり。土地は山険しく、深林多く、道路は禽鹿《きんろく》の径《こみち》の如し。千余戸あり。良田なく、海物を食して自活し、船に乗りて、南北に市糴《してき》す。また南一海を渡る千余里、名づけて瀚海《かんかい》という。一大国に至る。官をまた卑狗といい、副を卑奴母離という。方三百里ばかり。竹木・叢林多く、三千ばかりの家あり。やや田地あり、田を耕せどもなお食するに足らず、また南北に市糴す。また一海を渡る千余里、末盧《まつろ》国に至る。四千余戸あり。山海に浜《そ》うて居る。草木茂盛《もせい》し、行くに前人を見ず。好んで魚鰒《ぎょふく》を捕え、水深浅となく、皆沈没してこれを取る。東南陸行五百里にして、伊都《いと》国に到る。官を爾支《にき》といい、副の泄謨觚《せもこ》・柄渠《へく》觚《こ》という。千余戸あり。世々王あるも、皆女王国に統属す。郡使の往来常に駐まる所なり。東南奴国に至る百里。官を兕馬觚《しまこ》といい、副を卑奴母離という。二万余戸あり。東行不弥《ふみ》国に至る百里。官を多模《たも》といい、副を卑奴母離という。千余家あり。南、投馬国に至る水行二十日。官を弥弥《みみ》といい、副を弥弥那利《みみなり》という。五万余戸ばかり。南、邪馬壹国に至る、女王の都する所、水行十日陸行一月。官に伊支馬《いきま》あり、次を弥馬升《みましょう》といい、次を弥馬獲支《みまかくき》といい、次の奴佳鞮《なかてい》という。七万余戸ばかり。女王国より以北、その戸数・道里は略載すべきも、その余の旁国は遠絶にして得て詳かにすべからず。

記事はつづけて、二一の国名を列挙して、最後に「奴国」をあげ「これ女王の境界の尽くる所なり」と記す。そしてさらに、

その南に狗奴国あり、男子を王となす。その官に狗古智卑狗《くこちひく》あり。女王に属せず。郡より女王国に至る万二千余里。

と述べるのである。

この文中、郡とは朝鮮半島北部にあった魏の植民地、帯方郡《たいほうぐん》のことだが、具体的には現在のソウル付近にあったという郡の中心地を指す。また、一大国とは一支国の誤記で壱岐のこと、邪馬壹（壱）国も邪馬臺国（臺は台の旧字）の誤記とされている。

このうち、帯方郡から邪馬台国に至る道のりについては、九州に上陸してからの末盧、伊都、奴の各国が、それぞれ松浦《まつら》、糸島、博多《はかた》周辺だということはすでに判明している。

邪馬台国はそこからさらに東の方角にあったという不弥国を経て、その南「水行二十日」の投馬国から、なお南方「水行十日・陸行一月」の地点にあったという。そして、帯方郡から邪馬台国までの里程は一万二〇〇〇里であって、不弥国までの里数合計一万七〇〇里からみて、邪馬台国は不弥国からの距離は一三〇〇里、また、博多周辺にあったことが確定している奴国から邪馬台国までの距離は一四〇〇里であって、いずれも末盧から奴、つまり松浦から博多までの距離、六〇〇里の二倍強とみてよい。

ただし、これには異説があって、東洋史家の榎一雄《えのきかずお》は伊都国からは放射状に読むべきだとして、邪馬台国は伊都国から南に「水行十日・陸行一月」、これも水行一〇日または陸行一月の地点にあるとする（榎一雄『邪馬台国』）。そうすると、邪馬台国までの里数は、総計一万二〇〇〇里から伊都国までの距離一万五〇〇里を引いた一五〇〇里となる。いずれにしても、里数からは畿内にはとうてい及ばない。

ところで、景初三年（二三九）年十二月、卑弥呼は魏の皇帝から「親魏倭王《しんぎわおう》」に任じられた。そのことから、当時日本列島に倭ないし倭国と呼ばれる政治的なまとまりがあったことはあきらかである。邪馬台国への行程だけではなく、この倭国全体が倭人伝においてどのように描かれているのかも、女王卑弥呼の都であった邪馬台国の位置をめぐる論争と

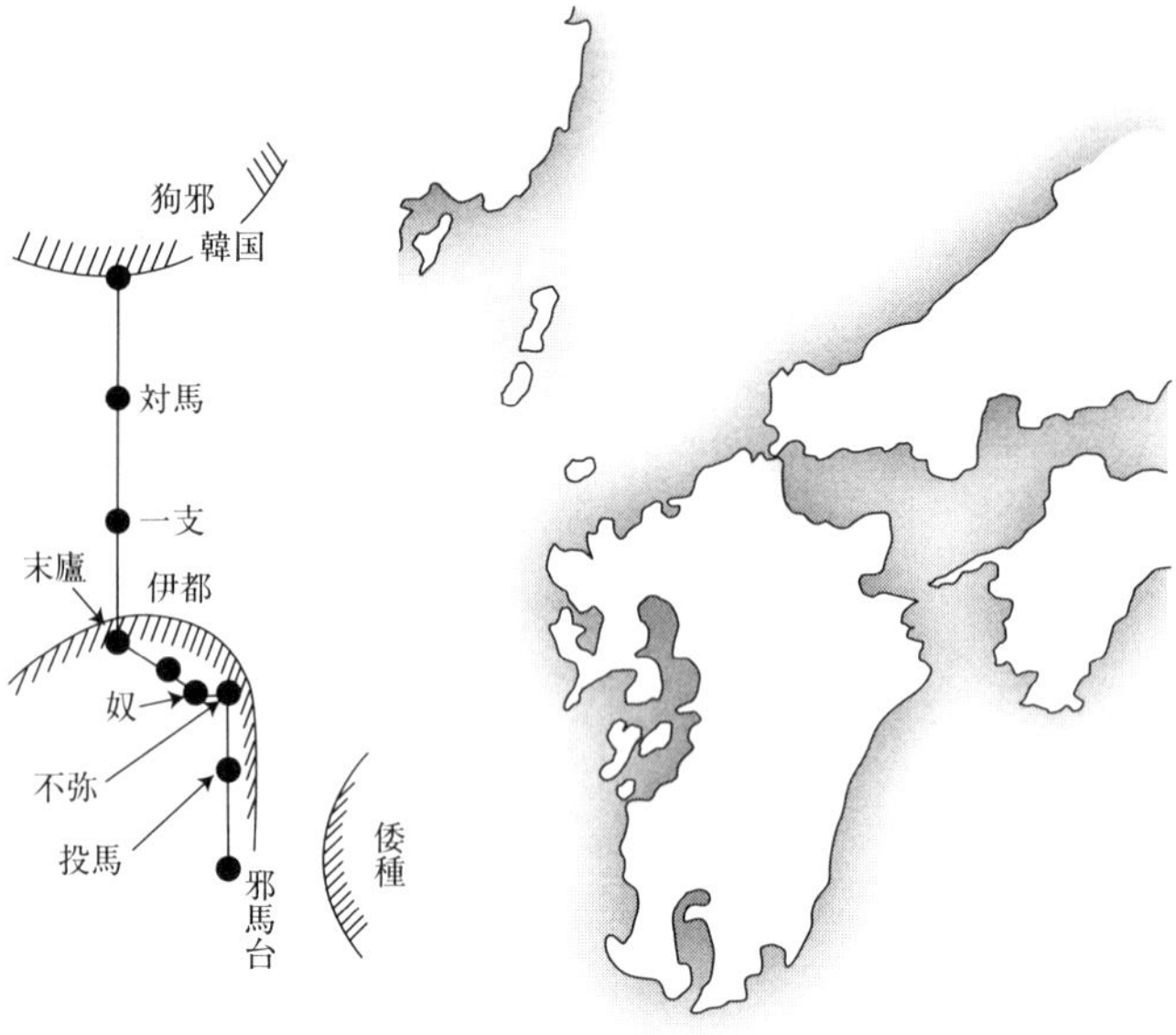

図１　『魏志倭人伝』の地理と日本列島

密接に関係している。

これにかんしては、まず、末盧、伊都、奴、不弥、投馬の諸国が、『倭人伝』に「女王国より以北、その戸数・道里は略載すべき」とみえるように、あきらかに女王国以北の国々と認識されており、さらに「女王の境界の尽くる所」の南には、男王が支配する狗奴国があるとみられていた。そして、あとの倭人の風俗を記した部分にも、女王国の東に海を渡ると国があって、それも皆「倭種」であるという。これを図示すれば、図１左のようになろう。この略地図にもっともふさわしい場所は、その右に示したように九州とその東の海域、そしてその向こうに位置する四国ないし中国地方の一角にほかならない。

このようにみると、『魏志倭人伝』が示す邪馬台国の位置は、じつのところ「水行十日・陸行一月」という日程をのぞけば、里程・方角はもちろん、その地理にかんしても、畿内・大和と考えることは無理であって、九州説によって整合的に理解できるのである。したがって、問題は日程記事の信用如何ということにかかってくる。つまり、日程記事を信用してそれ以外の情報を読み変えるのか、日程記事だけを異質なものとみなして他を信用するのかということである。わたしには、他の大部分の情報に修正を迫るほど、日程記事がたしかなものとは思えないが、それもまたひとつの感想であって、証明されたものとはいいがたい。つまりは邪馬台国の位置を決めるのは『倭人伝』のなかだけでは限界があり、決定的なことはいえないのである。

そこで昨今では、もっぱら考古学の成果にもとづいて論じるべきであるというような風潮もあることは、プロローグでも述べたとおりである。だが、考古学で邪馬台国の所在地が確定できるかといえば、これまた先に述べたようにおぼつかなさを感じる。

国内史料の活用

そこで、わたしは国内史料を活用すべきだと考えるのである。もし、邪馬台国が畿内・大和にあったとすれば、三世紀には大和の勢力が九州におよんでいたとみなければならない。つまり、問題は三世紀の九州と畿内・大和との関係であって、いいかえれば、大和政権がいつごろ九州を支配下においたかがわかればよいのである。このことを知るには『古事記』や『日本書紀』など日本側の文献以外にたよるべき資料がない。

『記紀』によれば、大和政権は景行《けいこう》天皇（以下、天皇号を略す場合あり）と仲哀《ちゅうあい》の時代の二度にわたって九州に遠征している。これらは『古事記』では、ヤマトタケルや神功《じんぐう》皇后の宮廷説話化した物語のみが記されており、具体的な記述は『日本書紀』にくわしい。これらの詳細な検討は後章でおこなうが、ここで重要なことは、仲哀紀に、崗県主《おかのあがたぬし》の祖、熊鰐《くまわに》が周防《すおう》の沙麼《さば》、また伊覩《いと》県主の祖、五十迹手《いとで》が穴門《あなと》の引嶋（いまの彦島）に、それぞれ天皇を迎え、白銅鏡《まそかがみ》、十握剣《とつかのつるぎ》、八尺瓊《やさかに》を捧げて帰順（仲哀八年正月壬午）、天皇は進んで儺県《なのあがた》に到り橿日宮《かしいのみや》に居住した（同月己亥）とあることである。ここで、崗とは岡水門《おかのみなと》があった遠賀川《おんががわ》河口付近、また伊覩とは『倭人伝』にいう伊都、儺はおなじく奴にあたる。つまり、女王卑弥呼が統治し、倭国に属していたことがたしかな北部九州の地域が大和政権に服属したのは、その二度にわたる九州遠征のうちの後者、つまり仲哀からその後の彼の后、神功の時期のこととされているのである。

とくに、このとき服属した伊観県主の祖、五十迹手が、伊観つまり伊都の首長、伊都国王と思われること、また仲哀の進駐した場所が儺県、つまりかつての奴国の地であることからみると、かつての伊都国や奴国の地は、このときになってはじめて大和の王権の支配に服したと解するべきなのである。

では、この時期はいつであろうか。『日本書紀』は神功紀の後半に、朝鮮半島の加羅《から》諸国や百済《くだら》との交渉と出兵を記した実録的な記事をのせている。この年代は『日本書紀』では二四六年からのこととなっているが、その記事に出てくる百済の王名などからみて、その実年代は、干支二巡、一二〇年繰り下げることで求められることがすでにあきらかにされている。当時の年代は甲子や壬申など、十干と十二支を組み合わせた六〇通りの干支で表されていたが、その方法だと六〇年で一巡して同じ干支がめぐってくるのである。

さて、それによれば、三六六年に加羅の卓淳《とくじゅん》国に使者をつかわし、そこから百済に赴いたが、翌三六七年に百済の使いが新羅《しらぎ》の使いとともに来日して朝貢したとみえ、さらに三六九年に朝鮮に出兵して新羅を破ったと記す。ここでわたしが問題とするのは、三六七年に百済と新羅が朝貢してきた時点で、皇太后（神功）と太子（のちの応神《おうじん》）が「先王の所望したまひし国人《くにひと》、今し来朝《もうけ》り。痛ましき哉《かな》、天皇に逮《およ》ばざることを」と述べたと記されていることである。

これは、三六六年の朝鮮半島への使者の派遣が、神功の末年ではなく、じつは先王つまり仲哀の晩年におこなわれ、その成果をまたずに仲哀が崩御したことを示している。わたしはそこから、『記紀』がともに記す荒唐無稽な神功の朝鮮出兵の物語が、じつはこの朝鮮南部への出兵の説話化されたものだと推測するのだが、このように考えれば、仲哀の没年は三六六、七年ということになり、仲哀の治世におこなわれた大和政権による北部九州諸国の制圧もまた、この時期をさほどさかのぼらないことはあきらかなのである。

このように北部九州が最終的に大和政権に服属したのは、四世紀の中ごろをさかのぼらない時期であった。したがって、もし邪馬台国が大和王権であったとすれば、この時になって伊都国王が服属してきたのは不可解といわざるをえない。このように考えれば、邪馬台国は畿内・大和でないことはもはやあきらかである。つまり、倭国とは北部九州を中心とした一帯の、政治的なまとまりをさすものだったのである。

ちなみに、『日本書紀』景行十二年と十八年に記されている、仲哀の祖父、景行の九州遠征の行程は以下のようである。まず、天皇は周防《すおう》の娑麽《さば》、今の防府《ほうふ》市に至り、南を望んで烟《けむり》が立つのをみて賊があると判断、武諸木《たけもろき》、菟名手《うなて》、夏花《なつはな》を派遣して偵察させたところ、神夏磯媛《かむなつそひめ》という女人が服属してきて、菟狭《うさ》（宇佐）、御木《みけ》、高羽《たかは》、緑野《みどりの》の川上に居る賊を教えた。武諸木らは謀略でそれらを倒し、その後天皇が豊前の長峡《ながお》に至り行宮を建てたという。さらに天皇は日向から火国を転戦し、筑紫後国八女県《やめのあがた》の的邑《いくはのむら》に到ったというが、『日本書紀』は、そのあと唐突に十九年九月癸卯条に「天皇、日向より至りたまふ」と記して、その帰還がどのような行程であったかは記されていない。

その点については、『豊後国風土記』日田郡に、景行が熊襲《くまそ》征伐のあと生葉《いくは》（＝的）行宮を発して日田郡に至ったとあるので、天皇の一行は的邑から筑後《ちくご》川の上流、日田川にそって筑後から豊後に抜けたとみられる。さらに『肥前国風土記』彼杵《そのき》郡には、天皇が熊襲を滅ぼして凱旋し「豊前国宇佐海浜行宮」に在《いま》したと記すので、天皇一行はさらに豊前の宇佐に進んだのであろう。凱旋などという語句は天皇に有利な文飾であるのはいうまでもない。

景行天皇の遠征

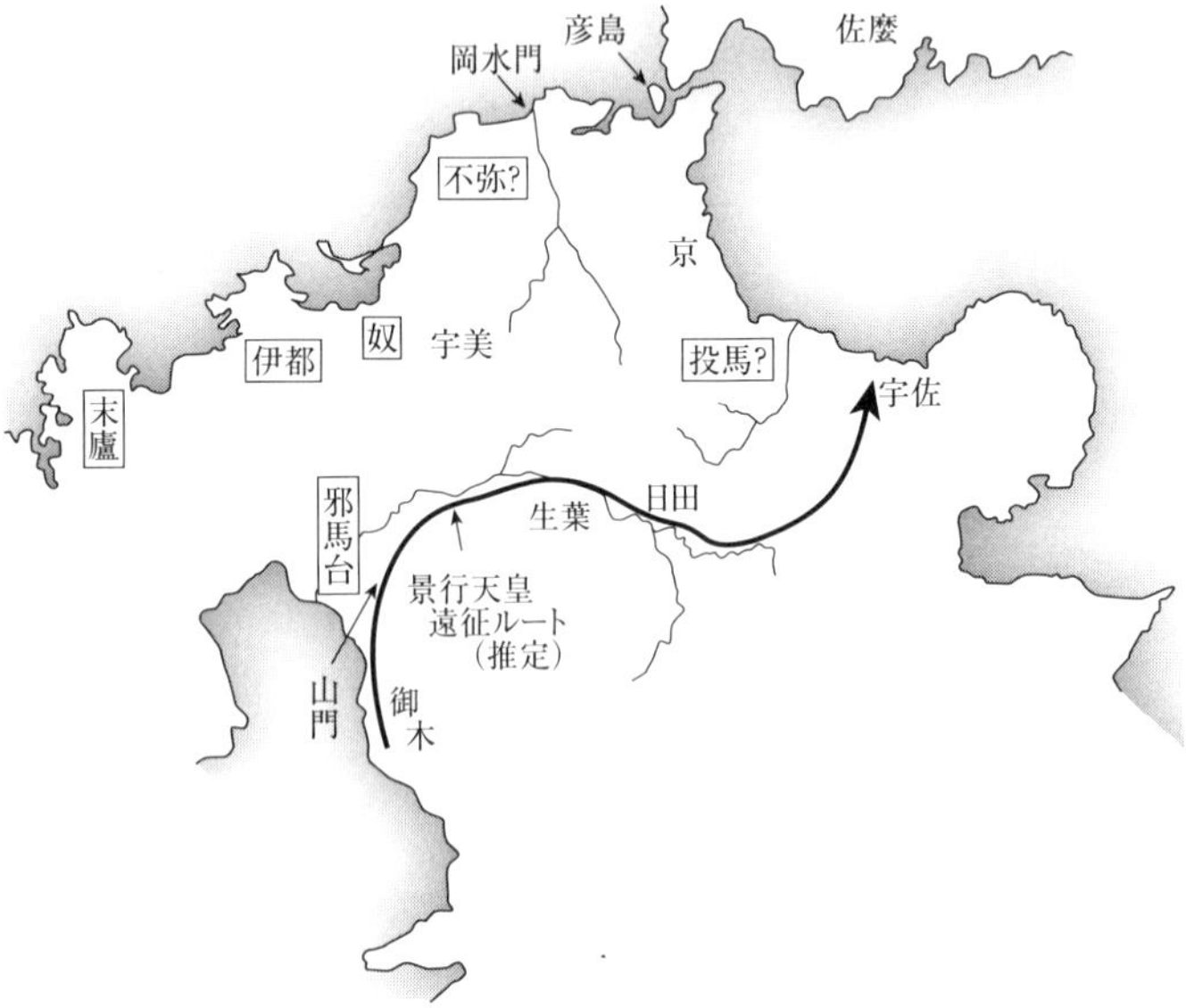

図2　北部九州の諸国と景行の遠征ルート

これらを考え合わせると、景行の九州遠征は、周防灘を横断して豊前国に上陸し、その後南下して襲国《そのくに》を平定、さらに西にすすんで熊 国《くまのくに》をおさめ、火国から日田川にそって豊後に抜ける行程をたどったと思われる（図2）。つまり、景行の遠征は九州の中南部で展開されたものだったのであって、その往路で関門《かんもん》海峡を通過することができなかったことはもちろん、帰路からみても北部九州、筑後平野の中枢や福岡平野に侵入することができなかったのである。

なお、『日本書紀』と『古事記』

で共通するヤマトタケルの遠征では、その対象は熊襲となっており、中・南部九州を指しているることにかわりはない。いずれにしても、景行朝での九州遠征はその対象が中・南部であって、北部はまだ服属していないことにはかわりがない。この北部九州こそ、その卑弥呼が治めていたのが確実な諸国の所在する地域なのであって、その地域が大和政権に服属したのは、四世紀になってからだったのである。

邪馬台国の所在地

このように『記紀』という国内史料をもちいることによって、邪馬台国は北部九州に所在したことが確実となった。したがって、その位置は、北部九州において「邪馬台」つまり「やまと」と呼ばれた地域を検索することによって解決する。

そのもっとも有力な候補地は景行天皇がその地を目前にして転進した、筑紫《つくし》の山門《やまと》である（図2）。『日本書紀』によれば、橿日宮《かしいのみや》において仲哀天皇が急死したあと、后の神功が指揮をとって熊襲を撃つこととなり、山門県に至って田油津媛《たぶらつひめ》を誅殺したという。これが大和政権による九州制圧の完了なのだが、邪馬台国の所在地は、大和政権の九州遠征において最後まで抵抗したと思われるこの山門県にあったとみるべきであろう。すでに明治の学者が推定していたように、田油津媛というのは卑弥呼の末裔であった可能性がたかい。

では、奴国から邪馬台国の間に位置したとされる不弥国と投馬国はどこにあったのだろうか。この問題については確たる成案はないが、憶測だけ述べておく。

まず不弥国については、これを地名とみれば、宇美などが候補となるが、内陸部であって、そこからさらに水行して投馬国に到るという記述とは矛盾する。ここで注目されるのが、不弥とは海を表したとする田中卓氏の説である。田中氏は榎説にのっとって、不弥国を志賀海神社がある志賀島に比定した（田中卓『海に書かれた邪馬台国』）。この説も一理あるが、榎説によらないとすると、博多湾岸の奴国からはやや近すぎる。わたしは同じ海神とのかかわりで宗像《むなかた》あたりではないかと想定する。そして投馬国はそこから海岸を水行し、関門海峡を抜けた豊前国の海岸のどこかに位置したと思われる。ここで注目したいのが、『日本書紀』景行十二年九月条に御木《みけ》川上に耳垂《みみたり》という賊がいるという記述である。『倭人伝』には投馬国の官を弥弥《みみ》、副を弥弥那利《みみなり》というとある。耳垂と弥弥那利の音が近いというだけではやや心もとないが、投馬国の所在地を、現在の山国《やまくに》川に相当するという御木川流域の豊前国上毛《かみつみけ》・下毛《しもつみけ》郡あたりとみるのも一案ではなかろうか。

なお邪馬台国へはそこからさらに、山道を陸行するか、河川をつかって水行して、山門郡のある筑後平野に出たのであろう。いずれにせよ、邪馬台国は九州にあり、倭国とは北部九州を中心とした地域であったことはうごかすことができない。

さて以上のようにみてくれれば、神功皇后による山門の征服こそ、邪馬台国の滅亡にほかならない。つまり大和政権の列島統一の事業は、邪馬台国の滅亡をもって一段落したのである。では、倭国とはいかなる政治組織であったのか、大和王権の統一事業はどのようにすすめられ、邪馬台国はいかにして滅亡したのか。以下、本書において考察を加えていくのはこれらの問題である。

倭国の内部事情

倭国の王権

ここまで述べてきたように、三世紀の日本列島に存在した倭国は、女王、卑弥呼を戴く、北部九州の地域的なまとまりだったことがあきらかとなった。これはこの時期に列島各地に存在したであろう地域王権のひとつである。大和政権が日本列島の大部分を統一するまでは、各地に地域的な王権が存在したと思われる。しかし、それらにかんする文献上の情報は、大和政権と接触があった場合にかぎられる。ただ、北部九州の倭国のみが、三世紀の前半という限られた時期のものではあるが、中国史料からも情報をうることができるのである。その情報と『記紀』が伝える倭国が大和政権に服属した四世紀半ばの状況とを比較することで、われわれは北部九州に存在した地域王権の推移を考察することが可能となる。そしてさらに、『記紀』を有効に活用することで、『記紀』が伝える地域王権時代の大和政権と比較することも可能となるのである。『記紀』を用いた研究をためらうかぎり、この時期の地域王権の比較研究など、望むべくもない。では、彼我の史料を駆使して、「倭国」における王権はいかなるものであったかを考えていきたい。

北部九州の倭国というまとまりはいつごろ成立したのだろうか。その点で重要なのが、『後漢書《ごかんじょ》』東夷伝に「倭国王帥升《すいしょう》」が永初元年（一〇七）に朝貢したとみえることである。帥升については倭国ではなく「倭面土国」の王とする見解もあったが、近年の研究では倭国王でよいとされている（西嶋定生『邪馬台国と倭国』）。このようにみれば、すくなくとも二世紀初頭おそらくは一世紀末には倭国という政治的なまとまりが成立していたと考えられる。

倭国の王権のあり方については、『魏志倭人伝』の以下の記述で、おおよそのことは判明する。

その国、本《もと》また男子を以て王となし、住《とど》まること七、八十年、倭国乱れ、相《あい》攻伐すること歴年、乃《すなわ》ち共に一女子を以て王となす。名づけて卑弥呼という。

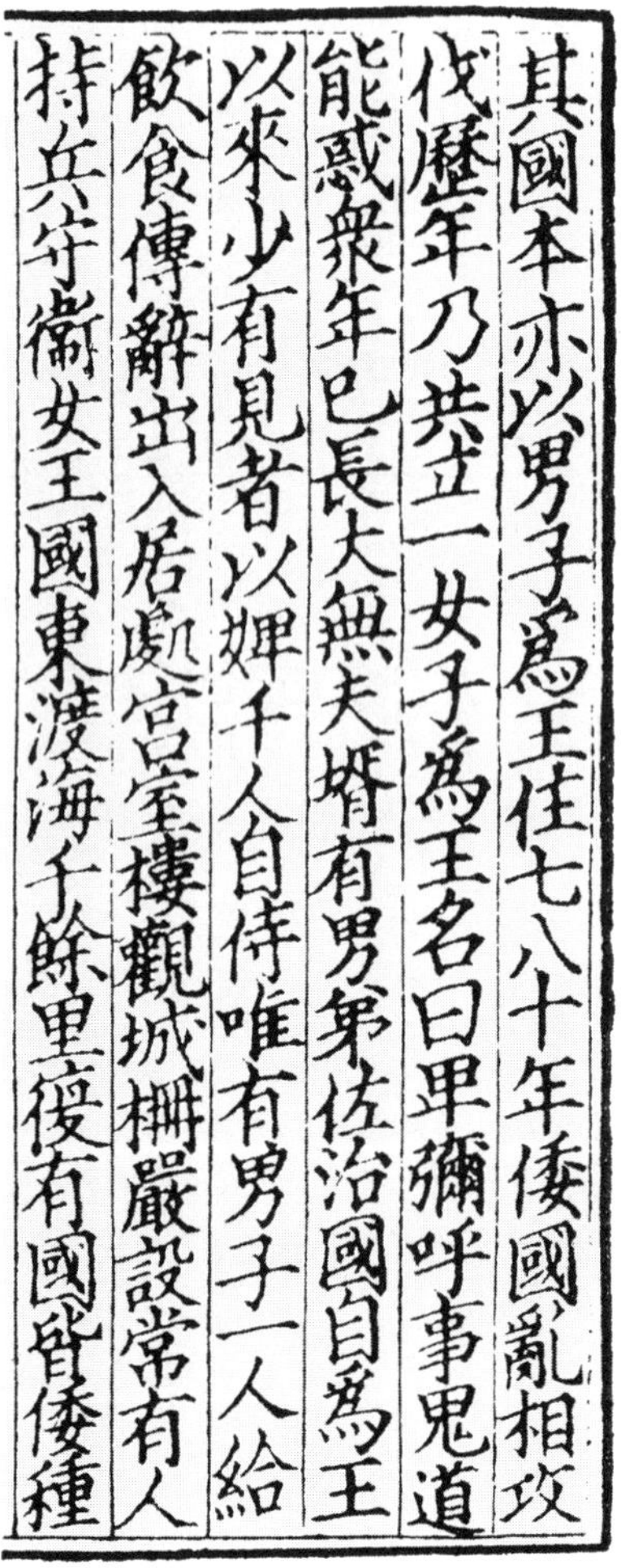
其國本亦以男子為王住七八十年倭國亂相攻
伐歴年乃共立一女子為王名曰卑彌呼事鬼道
能惑衆年已長大無夫壻有男弟佐治國自為王
以來少有見者以婢千人自侍唯有男子一人給
飲食傳辭出入居處宮室樓觀城柵嚴設常有人
持兵守衛女王國東渡海千餘里復有國皆倭種

図3　『魏志倭人伝』

それによれば、まず、倭国全体を統括すると思われる「倭国王」の地位には、はじめ男性が就任していた。『後漢書』東夷伝にみえる帥升もそのひとりであろう。ところがその後七、八十年たって、二世紀の後半に内乱があり、その結果、卑弥呼という「一女子」が「共立」された。そのことを『後漢書』東夷伝は「桓・霊の間、倭国乱れ、更々相攻伐し、歴年主なし」と記す。つまり倭国王は倭国を構成していた諸国のコンセンサスによってその地位を維持していたのであって、だからこそ、『魏志倭人伝』が記すように、卑弥呼の死後、男王が立ったが国中が服さず、ふたたび戦乱となって壱与《いよ》がその地位につくのである。このように、倭国王の地位はけっして安定したものではなかったが、王位継承の際に勃発したと思われる戦乱も、倭国の範囲がすでに述べたように北部九州に限られているから、日本列島全体におよぶような大規模な争乱を想定することは事実と相違する。

さて倭国王はどのようにこの国を統治したのであろうか。まず『魏志倭人伝』によれば、倭国は約三〇の国によって構成されていた。したがって、倭国とはすでに指摘もあるように、一種の連合国家であったわけである。これらの国々のうち女王国（邪馬台国）以北の国についてはやや詳しい記載があり、その諸国には「官」「副官」が置かれていたらしい。このうち、投馬国の官を弥弥《みみ》、副を弥弥那利《みみなり》といったとはすでに記した。それ以外については、対馬国と一支国はともに官を卑狗《ひく》、副を卑奴母離《ひなもり》、伊都国は官を爾支《にき》、副を泄謨觚《せもこ》・柄渠觚《へくこ》、奴国は官を兕馬觚《しまこ》、副を卑奴母離、不弥国は官を多模《たも》、副を卑奴母離、さらに邪馬台国は官として伊支馬《いきま》・弥馬升《みましょう》・弥馬獲支《みまかくき》・奴佳鞮《ぬかてい》だという。ここにみえる卑狗は「ヒコ」を意味するとみえるから、官とは諸国の王のことであろう。

ところで、邪馬台国は倭国王である女王卑弥呼が都とした所だが、倭国王は同時に邪馬台国の王であったかは不明としなくてはならない。もしそうなら、卑弥呼は擁立される前から邪馬台国の女王であったことになるが、「一女子」を立てて王となすという記事からうける印象は、彼女は邪馬台国の国王ではなかったように感じられる。邪馬台国の王はその官である伊支馬・弥馬升・弥馬獲支・奴佳鞮のいずれか、あるいは彼らの共同統治であったのだろう。つまり、倭国王は倭国を構成する国々の王とは別に、その上に君臨する存在だったのである。

一大率

倭国の統治組織として、もうひとつ注意されるのが、伊都国に常駐して、それらの女王国以北の国々を検察していた「一大率《いちだいそつ》」という者である。『倭人伝』には、諸国はこれを畏怖するとみえ、また「国中において刺史《しし》のごとき」であったとも記している。各国の官と副の上に君臨していたとみてよかろう。各国の官はおそらくその国々の王だろうが、ここで注意したいのが、対馬国・一支国・奴国・不弥国の副がみな卑奴母離であることである。すでに先人も述べているように、卑奴母離とはヒナモリでヒナ、辺境を守護する役目を負っていたとみてよい。つまり、彼らは辺境防衛の任を帯びて倭国王から派遣されていたと思われるのである。そして、一大率が常駐していた伊都国にはヒナモリが置かれていないことなどからみると、ヒナモリは一大率の統率下にあって、その任務を遂行していたのであろう。それが設置されていた諸国が、わたしの想定

図4　玄　界　灘

では玄界灘《げんかいなだ》とその沿岸に位置していた国々であることも注意されよう。

　このようにみてくると、女王国以北、具体的には玄界灘とその沿岸の諸国が一大率とヒナモリによって監察されていたのである。そして、倭国内の他の地域の国々にたいしてもおそらく同様の検察官がいたのだろうが、どのように治められていたかは判然としない。ただ、玄界灘にヒナモリが置かれていたのは、朝鮮半島からの脅威に対しての防衛とみなくてはならない。

　ところで、『日本書紀』垂仁二年条の注が引く「一云《いつにいわく》」によれば、崇神の末年に角賀《つぬが》（敦賀《つるが》）に漂着した大加羅国のツヌガアラシトは当初、穴門《あなと》（長門《ながと》、いまの山口県）に到り、そこで伊都都比古《いつつひこ》なる人物に出会い、この国の王だと言われるが、不信感を抱いて「北海より廻《めぐ》りて出雲国を経て」敦賀に到ったという。崇神《すじん》・垂仁《すいにん》の絶対年代は確かなことはわからないが、崇神は仲哀の五代前の人物で、かりに一代三〇年とすれば、三六六、七年に没したと思われる仲哀から数えて約一二〇年前ごろに亡くなったとみられる。もとより簡単な推算でたしかなものではないが、三世紀なかごろとみて大過なさそうである。

いずれにしてもこの段階では、北部九州、つまり倭国は大和王権に服属するまえであって、瀬戸内航路ではなく日本海ルートで敦賀に至ったことなども注目すべきだが、ここにみえる伊都都比古とは伊都ツ彦のことで、つまりは伊都国王とみてよい。この時期、関門海峡周辺は伊都国王の管轄下にあったのである。さらにその後、四世紀なかごろに仲哀が穴門に至ったときも伊都国王と考えられる伊覩県主の祖、五十迹手《いとで》が出迎えているのは、すでにみた。したがって、伊都国王の関門海峡周辺での管理権は恒常的なものだったらしい。景行天皇の九州遠征の際、関門海峡を通過できずに周防灘《すおうなだ》を航行して豊前ないしは豊後の海岸に到達したのも、背後にこのような事情があったのである。

このように伊都国王は関門海峡を掌握していたと考えられるのだが、伊都国は海峡からはいささか遠く離れており、そこが伊都国の範囲であったとは思えない。にもかかわらず、彼はなぜ海峡を押さえていたのか。倭国でこのような広範囲の支配権をもつ者としては、『魏志倭人伝』にみえる一大率しか考えられない。しかも『倭人伝』には、一大率は伊都国に常駐するとある。つまり、伊都国王がみずからの国の範囲を超えて穴門を支配していたのは、彼こそが一大率であったことを示している。『倭人伝』は伊都国について「世々、王あるも皆女王国に統属す」とあるが、この歴代の王がじつは一大率に任じられていたのであって、その権限はおそらく玄界灘周辺諸国におよんでいたのだろう。さらにツヌガアラシトが朝鮮からの渡来者であることを考えれば、一大率とヒナモリの配置が半島からの脅威への対処であったというさきの想定とも符合するのも興味深い。このような権限をもつ伊都国王が帰順したことが、大和王権の北部九州制圧におおきな意義をもったことは説明するまでもないことであろう。

伊都国王の出自

このように、伊都国王は一大率として、まず第一に玄界灘沿岸の国々を検察し、さらに朝鮮半島からの脅威に備えるという、倭国のなかでも重要な役割を担っていたのであるが、では、この伊都国王はいかなる出自なのであるか。

それについて、伊都国の故地、筑前国怡土郡《いとぐん》にかんする『筑前国風土記』の逸文に、伊都国王と考えられる五十迹手が仲哀を穴門の引島に出迎えたとき、彼は天皇に「高麗《こま》の国の意呂山《おろさん》に天降り来し日桙《ひぼこ》の苗裔《すえ》、五十迹手是《これ》なり」と申したとみえる。つまり、伊都国王は朝鮮からの渡来者の子孫なのであって、その王権は渡来人によって樹立されたものであったわけである。これが伊都国だけの特徴であったか、倭国を構成する他の諸国も同様であったかは不明とせざるをえないが、わたしはすくなくとも北部九州の小国家のなかには大陸からの渡来者によって樹立されたものがすくなからず存在したと思う。

ところで、一大率の役割として、このような伊都国王の出自ともかかわるのかもしれないが、もうひとつ倭国の外交にかんする権限があった。『魏志倭人伝』は、一大率の職掌として、つぎのように記す。まず原文を示す。

倭国の外交

王遣使詣京都帯方郡諸韓国及郡使倭国皆臨津捜露伝送文書賜遣之物詣女王不得差錯

この部分を岩波文庫本は、

王、使を遣わして京都・帯方郡・諸韓国に詣《いた》り、および郡の倭国に使するや、皆津に臨みて捜露《そうろ》し、文書・賜遺《しい》の物を伝送して女王に詣らしめ、差錯《ささく》するを得ず。

と読むが、後半部についてはその訓読法については、「伝送の文書・賜遺の物を捜露す」「伝送の文書・賜遺の物は、女王に詣り」や「文書を伝送し、賜遺の物は女王に詣りて、差錯するを得ず」など諸説があるという。

だが、ここで「賜遺の物」とは魏から卑弥呼に賜ったものと理解され、これらは郡使が倭国までもたらしたものであって、伝送されてきたものではない。ここはやはり、郡使がもたらした文書・賜遺の物を、そのあとは一大率が伝送して、間違いなく女王・卑弥呼に至らせることを述べているとみるべきであろう。つまり、一大率の職掌が、帯方郡の使が倭国に来たさいに、津に臨んで「捜露」し、「文書・賜遺の物を伝送して」間違いなく女王・卑弥呼に至らせることであったように思われる。

では「文書・賜遺の物」が倭国にもたらされたのは頻繁にあったことなのだろうか。ここですこし、倭国と魏との外交についてみてみよう。じ

倭と魏の交渉

つは『魏志倭人伝』の記す魏と倭国との交渉記事をみるかぎり、魏の使いが倭国に来たのは二度しかなかった。なお、ここで注意しておくべきは、倭国にやって来たのは洛陽《らくよう》からの者ではなく、その中継地である帯方郡の役人つまり郡使であることである。

まず第一回めの交渉である。

景初二年（三年の誤り）六月、倭の女王、大夫難升米《なしめ》等を遣わし郡に詣《いた》り、天子に詣りて朝献せんことを求む。太守劉夏《りゅうか》、吏を遣わし、将《も》って送りて京都に詣らしむ。その年十二月、詔書して倭の女王に報じていわく、「親魏倭王卑弥呼に制詔《せいしょう》す。帯方

の太守劉夏、使を遣わし汝《なんじ》の大夫難升米・次使都市牛利《としぐり》を送り、汝献ずる所の男生口四人・女生口六人・斑布《はんぷ》二匹二丈を奉り以て到る。汝がある所踰《はる》かに遠きも、乃《すなわ》ち使を遣わして貢献す。これ汝の忠孝、我れ甚だ汝を哀れむ。今汝を以て親魏倭王となし金印紫綬《きんいんしじゅ》を仮し、装封して帯方の太守に付し仮授せしむ。汝、それ種人を綏撫《すいぶ》し、勉めて孝順をなせ。汝が来使難升米・牛利、遠きを渉り、道路勤労す。今、難升米を以て率善中郎将《そつぜんちゅうろうしょう》となし、牛利を率善校尉《こうい》となし、銀印青綬を仮し、引見労賜《いんけんろうし》し遣わし還す。今、絳地交竜錦《こうじこうりゅうきん》五匹・絳地縐粟罽《しゅうぞくけい》十張・蒨絳《せんこう》五十匹・紺青五十匹を以て、汝が献ずる所の貢直《こうちょく》に答う。また特に汝に紺地句文錦《くもんきん》三匹・細班華罽《さいはんかけい》五張・白絹《はっけん》五十匹・金八両・五尺刀二口・銅鏡百枚・真珠・鉛丹各《おのおの》五十斤を賜い、皆装封して難升米・牛利に付す。還り到らば録受し、悉《ことごと》く以て汝が国中の人に示し、国家汝を哀れむを知らしむべし。故に鄭重に汝に好物を賜うなり」と。

正始元年、太守弓遵《きゅうじゅん》、建中校尉梯儁《ていしゅん》等を遣わし、詔書・印綬を奉じて、倭国に詣り、倭王に拝仮し、ならびに詔を齎《もたら》し、金帛《きんぱく》・錦罽《きんけい》・刀・鏡・采物を賜う。倭王、使に因って上表し、詔恩を答謝す。

ここでは、皇帝が卑弥呼に金印紫綬、難升米・都市牛利に銀印青綬を与え、さらに卑弥呼から献上品の答礼として絳地交竜錦・絳地縐粟罽・蒨絳・紺青五十匹といった繊維製品が、さらにとくに卑弥呼にたいして紺地句文錦・細班華罽・白絹・金・五尺刀・銅鏡・真珠（朱カ）・鉛丹を賜った。これらは卑弥呼への詔書とともに翌年、帯方郡太守弓遵が遣わした梯儁らによって倭国にもたらされたのである。そして、その使いは、皇帝の詔恩に答謝した卑弥呼の上表文とともに帰国したはずである。

ついで第二回の交渉はやや複雑である。

> その（正始）四年、倭王、また使大夫伊声者《いせいき》・掖邪狗《えきやく》等八人を遣わし、生口・倭錦《わきん》・絳青縑《こうせいけん》・緜衣《めんい》・帛布・丹・木拊《ぼくふ》・短弓矢を上献す。掖邪狗等、率善中郎将の印綬を壱拝す。
>
> その六年、詔して倭の難升米に黄幢《こうどう》を賜い、郡に付して仮授せしむ。
>
> その八年、太守王頎《おうき》官に到る。倭の女王卑弥呼、狗奴国の男王卑弥弓呼《ひみきゅうこ》と素《もと》より和せず。倭の載斯烏越《さいしうえつ》等を遣わして郡に詣り、相攻撃する状を説く。塞曹掾史《さいそうえんし》張政《ちょうせい》等を遣わし因って詔書・黄幢を齎《もたら》し、難升米に拝仮せしめ、檄《げき》を為《つく》りてこれを告喩《こくゆ》す。

張政の来倭

ここで、倭国から魏の都洛陽に到ったのは、正始四年（二四三）の伊声者・掖邪狗ら八人である。したがって、翌々年の六年（二四五）に皇帝が詔して難升米に黄幢を賜ったのは、この使節に託したものとみられる。じじつ、さらに翌々年の八年（二四七）にこれらの詔書・黄幢は帯方郡が遣わした張政《ちょうせい》によって倭国にもたらされている。では、八年に帯方郡に来て、女王卑弥呼と狗奴国王卑弥弓呼との争いを伝えた倭国の使者、載斯烏越はいかなる性格のものであるか。

思うに「幢」は軍隊の指揮に用いる旗のこと（『大漢和辞典』）だから、黄幢はほかならぬ倭国と狗奴国との戦いにさいして、倭国側が用いるものとして与えられたとみなくてはならない。したがって、倭国と狗奴国との戦いは、黄幢を倭国にいる難升米に賜った時点で、魏の朝廷に伝わっていなくてはならないのであって、それは正始四年に倭国から遣わされた伊声耆・掖邪狗ら八人の使者以外には考えられない。『倭人伝』に明記されてはいないが、卑弥呼は、正始四年の使者によって狗奴国との紛争を魏に伝え、その援助を乞うていたのである。そして、その結果がいっこうに倭国にもたらされないために、再度、載斯烏越が帯方郡に派遣されたのであろう。この使者は洛陽に向かった形跡はなく、おそらく郡に戻っていた先の使者とともに倭国に帰還したとみられる。このとき、黄幢が難升米に与えられていることからみて、戦争の指揮はこの人物がとっていたとみてよい。そして、張政らがまだ滞在している間に、卑弥呼がこの世を去るのである。『倭人伝』は「卑弥呼以て死す。大いに冢《ちょう》を作る。径百余歩、徇葬《じゅんそう》する者、奴婢百余人」と記している。

さらにその後、倭国では王位継承をめぐる混乱におちいった。『倭人伝』は以下のように記している。

更に男王を立てしも、国中服せず。更々《こもごも》相誅殺し、当時千余人を殺す。また卑弥呼の宗女壱与《いよ》年十三なるを立てて王となし、国中遂に定まる。政等、檄を以て壱与を告喩《よ》す。壱与、倭の大夫率善中郎将掖邪狗等二十人を遣わし、政等の還るを送らしむ。因って台に詣り、男女生口三十人を献上し、白珠五千孔・青大勾珠二枚・異文雑錦二十匹を貢す。

張政の滞在中におこった卑弥呼の死とそれに続く墳墓の造営、さらに王位をめぐる倭国内の争乱、そして壱与の即位という一連の出来事が、そう短期間であったとは思えず、彼の帰国までにはすくなくとも数年を要したであろう。やがて二六五年には魏が滅ぶから、張政の帰国以降、魏の使いが倭国に来るようなことがあったのかは疑問である。そして、魏が帯方郡を領したのは二三九年だから、それ以前に魏使が倭に来ることはありえない。このようにみると、魏の皇帝からの「文書・賜遺の物」が倭国にもたらされたのは、正始元年と八年の二度のこととみるのが妥当ではなかろうか。

ただし、張政を送っていった掖邪狗らがその帰国にさいして皇帝からの回賜品を持ちかえった可能性はあるが、そうとしてもそれは郡使によるものではなかったであろう。したがって、「郡の倭国に使する」にさいして「文書・賜遺の物」が一大率によって手違いなく女王のもとにもたらされたのは、一般論ではなく、正始元年と八年に郡使が倭国に来たときのことを述べているとみるべきである。そしてさらにいえば、八年の場合は「拝仮」の対象が難升米なので、厳密には卑弥呼に当てて金帛・錦罽・刀・鏡・采物といった大量の「賜遺の物」がもたらされたのは、そのうちでも正始元年のみであったといえるのである。

郡使と一大率

このようにみれば、『倭人伝』のこの一節は、女王が魏の都洛陽や帯方郡・諸韓国に使を遣わすときや、帯方郡の使が倭国にやって来るときには皆、一大率が港に臨んで「捜露」する。そこで、正始元年と八年に郡の使が倭国に来たときも、皇帝からの「文書・賜遺の物」は間違いなく女王のもとにとどけられた。ということを述べているのだと思う。すくなくとも梯儁《ていしゅん》が遣わされた正始元年の場合、「文書・賜遺の物」は伊都国にいた一大率の手で卑弥呼のところまで運ばれたといえる。

ただし、ここで「詣《いた》らしめ」る対象が「文書・賜遺の物」ではなく、人であるとも考えられる。その場合、一大率がその人物を「女王に詣らしめ」るとすれば、それは郡使ということになろうし、「文書・賜遺の物を伝送して女王に詣らしめり」と読めば、一大率自身が文書・賜遺の物を伝送して、女王のもとに至ったこととなろう。その場合、問題となるのが、郡使がはたして女王のもと、つまり邪馬台国に行ったのかということである。

このことについては、『倭人伝』の里程記事で末盧国まではかなりくわしい風俗が記されていることから、郡使は邪馬台国まで行かなかったという説もつよいが、当時の外交慣習からそのようなことが可能だったのか疑問とする向きもある。ただ、『倭人伝』の伊都国の条に「郡使の往来常に駐まる所なり」とあることも勘案すれば、このときに郡使である梯儁一行は伊都国まで達したものの、そのあとはおもに一大率に委ね、梯儁を除く多くは伊都国にとどまった可能性もあるかもしれない。いずれにせよ、末盧国までのくわしい記事はおそらく、伊都国まで歩を運んだ魏の使い、つまり梯儁一行が実際に見聞していたことにもとづくのであろう。このようにみれば、『倭人伝』の行程記事は梯儁の報告によるものと考えられるのである。

しかし、正始八年に倭国に来た張政らも同様であったかはわからない。さきにみたように、張政一行の倭国滞在はかなり長期にわたった可能性があり、その間ずっと伊都国で留まっていたとは断定できないからである。なお、張政らがいつごろ魏に帰国したのかはわからないが、『倭人伝』にみえる詳細な倭国の習俗記事は、このような長期間の滞在によって可能となったものであろう。したがって、これらの記事はかなり信憑性がたかいものなのである。以下のその部分を記しておこう。

黥面文身

まず、倭人の入れ墨つまり黥面文身《げいめんぶんしん》が話題となっている。

> 男子は大小となく、皆黥面文身す。古《いにしえ》より以来、その使中国に詣るや、皆自ら大夫と称す。夏后少康《かこうしょうこう》の子、会稽《かいけい》に封ぜられ、断髪文身、以て蛟竜《こうりゅう》の害を避く。今倭の水人好んで沈没して魚蛤《ぎょこう》を捕え、文身しまた以て大魚・水禽《すいきん》を厭《はら》う。後やや以て飾りとなす。諸国の文身各々異り、あるいは左にし、あるいは右にし、あるいは大にあるいは小に、尊卑差あり。その道里を計るに、当に会稽《かいけい》の東冶《とうや》の東にあるべし。

ここで、夏后少康の子が会稽に封ぜられて文身を施したとあるのは、倭人の入れ墨が、中国の江南地方の習俗と関係があるとみられていたからである。このことにかんして『魏志』の先行文献といわれる『魏略』に、

> 其《その》俗、男子は皆、黠而文（鯨面文身の誤記か）、其の旧語を聞くに、自ら太伯《たいはく》の後と謂《い》う。

とみえる。つまり、倭人はみずから呉《ご》の太伯の後裔と称していたのであり、彼らが中国の身分呼称である大夫を自称するのも、そのことと関連があるとみられていた。これらからみるに、当時の中国のすくなくとも知識人の一部は、倭人の起源は江南にあり、彼らの入れ墨もそのためだと考えていたのである。なお、朝鮮半島の住人にも入れ墨の風習があったが、『魏志』東夷伝弁辰《べんしん》条には「男女、倭に近く、また文身す」とあり、『後漢書』では「其の国倭に近し、故に頗《すこぶ》る文身の者あり」と記されており、倭に由来する習俗と考えられていたらしい。入れ墨というひとつの習俗についてだが、江南から倭国そして朝鮮南部へという文化の流れが想定されていたことは注目してよい。わたしは、倭人みずからが語ったというその来歴について、弥生文化の起源という問題とも関連して、いまいちど検討を加える価値があるのではないかと思うのだが、いかがであろうか。

倭人の習俗

つづけて『倭人伝』は倭の風俗を記していう。

その風俗淫ならず。男子は皆露紒《ろかい》し、木緜《もめん》を以て頭に招《か》け、その衣は横幅、ただ結束して相連ね、ほぼ縫うことなし。婦人は被髪屈紒《ひはつくつかい》し、衣を作ること単被《たんぴ》の如く、その中央を穿《うが》ち、頭を貫きてこれを衣《き》る。禾稲《かとう》・紵麻《ちょま》を種《う》え、蚕桑緝績《さんそうしゅうせき》し、細《さい》紵《ちょ》・縑緜《けんめん》を出だす。その地には牛・馬・虎・豹・羊・鵲《かささぎ》なし。兵には矛・楯・木弓を用う。木弓は下を短く上を長くし、竹箭はあるいは鉄鏃、あるいは骨鏃なり。有無する所、儋耳《たんじ》・朱崖《しゆがい》と同じ。

ここで儋耳・朱崖というのは海南島のことである。じっさい『漢書』地理志には、

民、皆、布を服すこと単被に如く、中央を穿《うが》ちて貫頭となす。男子は耕農し、禾稲《かとう》・紵麻《ちよま》を種え、女子は桑蚕《そうさん》・織績す。馬と虎なし。民、五畜を有す。山、麞・麖多し。兵は即ち矛・楯・刀・木弓・弩・竹矢、或いは骨を鏃となす。

とあり、倭と共通するところがみえる。ただ、倭には鉄鏃がみえるなど、細部では違いもあり（これは倭が鉄器時代に入っていたことを示している）、『倭人伝』の記事はじっさいの見聞にもとづいたものと解すべきである。このことは、それにつづく記事にもいえるであろう。

倭の地は温暖、冬夏生菜を食す。皆徒跣《とせん》。屋室あり、父母兄弟、臥息処《がそくところ》を異にす。朱丹を以てその身体に塗る、中国の粉を用うるが如きなり。食飲には籩豆《へんとう》を用い手食す。その死には棺あるも槨《かく》なく、土を封じて冢《ちよう》を作る。始め死するや停喪《ていそう》十余日、時に当たりて肉を食《くら》わず、喪主哭泣《こくきゆう》し、他人就いて歌舞飲酒す。已《すで》に葬れば、挙家水中に詣《いた》りて澡浴《そうよく》し、以て練沐《れんもく》の如くす。その行来・渡海、中国に詣るには、恒《つね》に一人

をして頭を梳《くしけず》らず、蟣蝨《きしつ》を去らず、衣服垢汚《こうお》、肉を食わず、婦人を近づけず、喪人の如くせしむ。これを名づけて持衰《じさい》と為《な》す。もし行く者吉善《きちぜん》なれば、共にその生口・財物を顧《こ》し、もし疾病あり、暴害に遭えば、便《すなわ》ちこれを殺さんと欲す。その持衰謹まずといえばなり。

真珠・青玉を出だす。その山には丹あり。その木には柟《だん》・杼《ちょ》・予《よ》樟《しょう》・楺《ぼう》・櫪《れき》・投《とう》・橿《きょう》・烏号《うごう》・楓香《ふうこう》あり。その竹には篠《しょう》・簳《かん》・桃支《とうし》。薑《きょう》・橘《きつ》・椒《しょう》・蘘荷《じょうか》あるも、以て滋味となすを知らず。獼猴《びこう》・黒雉《こくち》あり。

その俗挙事行来に、云為《うんい》する所あれば、輒《すなわ》ち骨を灼《や》きて卜《ぼく》し、以て吉凶を占い、先ず卜する所を告ぐ。その辞は令亀《れいき》の法の如く、火坼《かたく》を視て兆を占う。

その会同・坐起には、父子男女別なし。人性酒を嗜《たしな》む。大人の敬する所を見れば、ただ手を搏《う》ち以て跪拝《きはい》に当《あ》つ。その人寿考、あるいは百年、あるいは八、九十年。その俗、国の大人は皆四、五婦、下戸もあるいは二、三婦。婦人淫せず、妒忌《とき》せず、盗窃《とうせつ》せず、諍訟《そうしょう》少なし。その法を犯すや、軽き者はその妻子を没し、重き者はその門戸および宗族を没滅す。尊卑各々差序あり、相臣服するに足る。租賦を収む、邸閣あり、国国市あり。有無を交易し、大倭をしてこれを監せしむ。

このあとは、すでに引用した一大率にかんする記事がつづき、さらに倭人の交際法についての記載がある。

下戸、大人と道路に相逢えば、逡巡して草に入り、辞を伝え事を説くには、あるいは蹲《うずくま》りあるいは跪《ひざまず》き、両手は地に拠り、これが恭敬を為《な》す。対応の声を噫《あい》という、比するに然諾の如し。

そのあとは、倭国の王権、そして卑弥呼についての記載があるが、それについては後に述べよう。そして、『倭人伝』は倭国周辺の地理を記す。

女王国の東、海を渡る千余里、また国あり。皆倭種なり。また侏儒《しゅじゅ》国あり、その南にあり。人の長《たけ》三、四尺、女王を去る四千余里。また裸国・黒歯国あり、またその東南にあり。船行一年にして至るべし。倭の地を参問するに、海中洲島の上に絶在し、あるいは絶えあるいは連なり、周旋五千余里ばかりなり。

このうち、「女王国の東、海を渡る千余里」にあるという倭種の国についてはすでに触れたが、侏儒国や裸国・黒歯国については、おそらくは東南アジアの国々なのだろうが、不明といわざるをえない。なお「周旋五千余里」というのも難解だが、あるいは倭の所在する「海中洲島」のまわりが五千余里ということかもしれない。末盧国に上陸してから邪馬台国までの里数が二〇〇〇里だからそのあと三〇〇〇里で倭の島を一周できると思われていたのだろうか。

それはともかく、このように『倭人伝』には非常に詳細に三世紀の倭国の内情が記録されており、われわれはここから三世紀の北部九州がいかなる状況にあったかを、つぶさに知ることができるわけである。これらは通りすがりの旅行者によるものとは思えず、おそらくは長期間倭国に滞在したであろう張政とその一行によってもたらされたと思われる。この倭国の内情は、「有無する所、儋耳《たんじ》・朱崖《しゅがい》と同じ」というコメントからもわかるように、当時の魏の人々にとって南方的要素のつよいものであったらしい。しかも、倭国への里程が実際の距離よりも長く表されていて、その結果倭国の位置は「その道里を計るに、当に会稽の東冶の東にあるべし」と思われていたのである。

魏使の方向認識

邪馬台国大和説の論者のなかに、当時の中国人は日本列島を南北に長く認識していたとみる人がいる。たしかに、ここにみたように『倭人伝』には倭がかなり南方に位置しており、そこからさらに南に展開する島だとみなされていた記述がある。しかし、そのような認識は、倭国の情報が知られたからこそ形成されたものであるはずである。何も情報がない段階で、倭が南方に位置しているかなど認識しようにもできるはずがない。そのような認識が形作られる要因となったのが帯方郡使の二度にわたる来航だったはずである。けっして、最初に倭国の地理についての先入観があり、それに沿って倭国内での東への行程が南へと認識されたとは思えない。じじつ、七世紀初頭、じっさいに日本列島にやって来た隋の使いは、そのような地理観に左右されることなく、列島が東西に展開していると正確に認識したのである。『隋書倭国伝』はいう。

百済を度《わた》り、行きて竹島に至り、南に躭羅《たんら》国を望み、都斯麻《つしま》国を経、迥かに大海の中にあり。また東して一支国に至り、また竹斯《つくし》国に至り、また東して秦王国に至る。（中略）また十余国を経て海岸に達す。竹斯国より以東は、皆な倭に附庸す。

『隋書』は当時の倭国の都、邪靡堆（ヤマト）を「『魏志』のいわゆる邪馬台なる者なり」と記して、邪馬台国を畿内のヤマトと解しながらも、その地に至る行程については、けっして南行したとはいわず、東にすすんだと述べている。つまり、じっさいに大和に至った隋使は、倭が南にむかってひろがっているという地理観に左右されることなどなかったわけである。ここからいえることは、魏の使いも、もしじっさいに邪馬台国に至っていたとすれば、その方位をあやまることなどまずなかったということである。そして、魏の使いがじっさいには邪馬台国に行っていない場合でも、邪馬台国大和説が成り立つには、倭人は東の方角を南と解していたことになるが、わたしは倭人がそのような方向音痴であったとは思えない。

卑弥呼の統治

では、女王、卑弥呼はその邪馬台国で具体的にはいかなる政治をおこなっていたのだろうか。これについて『魏志倭人伝』は、

鬼道《きどう》に事《つか》え、能《よ》く衆を惑《まど》わす。年已《としすで》に長大なるも、夫壻《ふせい》なく、男弟あり、佐《たす》けて国を治む。王となりしより以来、見るある者少なく、婢千人を以て自ら侍せしむ。ただ男子一人あり、飲食を給し、辞を伝え居処に出入す。宮室・楼観・城柵、厳かに設け、常に人あり、兵を持して守衛す。

と記す。つまり彼女は独身であり、王に共立されてからはほとんど人前に姿を現さなかったらしい。厳しく警護された宮殿のなかにあって、女官にまもられて生活していたとみてよい。その閉じられた卑弥呼の宮廷と外部の世界とをつないでいるのがひとりの男子であった。ここで飲食を給しているのは、卑弥呼の食事であろう。一〇〇〇人が実数かどうかはおおいに疑問だが、宮廷の女性への食事がひとりの男子でまかなわれたとは思えないので、卑弥呼への食事は特別なものであったことがわかろう。ここで「飲食を給し、辞を伝え居処に出入」している男子と、卑弥呼を「佐けて国を治」めている男弟との関係が問題

となるが、この書き方からみると両者は別者であって、男子は側近として卑弥呼の辞を伝えるだけの存在とみたほうがよいと思う。

このように卑弥呼は国内的には男弟との共治体制をとり、対外的には倭国を代表して外交をおこなったことは確実である。ただし、卑弥呼は「見るある者すくなし」といわれるような「見えない王」であったから、戦争などの指揮は取るべくもなかった。じっさい、狗奴国との戦争では指揮は難升米がとっていたとみられることはすでに述べた。それでは、難升米は『倭人伝』にいう男弟なのであろうか。その可能性もないことはないが、彼が第一回の魏への使者となっていることからみると、政権のトップであったとはいいがたいのではないかと思う。

ではいったい卑弥呼は具体的にはなにをしていたのか。ここで注目したいのが、『倭人伝』のつぎの記載である。

その俗、挙事行来に、云為《うんい》する所あれば、輒《すなわ》ち骨を灼《や》きて卜し、以て吉凶を占い、先ずトする所を告ぐ。その辞は令亀《れいき》の法の如く、火坼《かたく》を視《み》て兆を占う。

これによれば、当時の倭人は、重要な行動をおこすのにあらかじめ吉凶を占っていたらしい。おそらくこれは神意を問うということであって、国家的レベルでの場合、とうぜん卑弥呼がそれをおこなったであろう。もちろん、具体的にどのようにおこなっていたかはあきらかではないが、われわれには、それをおぎなうものとして、『日本書紀』や『古事記』の記述がある。もとより、両書は大和政権の歴史を記したもので、直接、倭国とは関係がないが、あとでふれるように、大和政権が九州勢力の東漸したものであることからみても、その統治方法にはあい似た点があって不思議ではない。

まず、『日本書紀』が卑弥呼に相当するとした神功皇后の場合である。九州への遠征の際、戦いに先立って、仲哀天皇が琴を弾き、武内宿禰《たけのうちのすくね》が審問者《さにわ》となって、皇后が神がかりして神意を問うたという。その時、天皇が急死するという事態をうけ、さらに同様なことをおこなっている。

ただし、これは遠征中のことであり、神功がつねに司祭者であったかは疑問とせねばならないし、彼女はけっして「見えない王」でもないが、大和王権も重要な案件については神意を問うており、その場合、神がかりとなる人物とその言葉を聞き分け判断する審問者がいたということが具体的にわかるのが重要である。

ついで、『日本書紀』は崇神天皇の時代のこととして、災害が多発することの原因を究明するために、天皇が神浅茅原《かむあさじはら》にでて、八十万神《やそよろず》を集《つど》えてうらなった。その時、ヤマトトトヒモモソヒメに大物主神《おおものぬし》が憑《つ》き、天皇と問答したという。この場合は、モモソヒメが霊媒となり、天皇が審問者となっている。ここからみて、倭国でもおそらく同様に、戦争や疫病などの災害時には、このように神意を問うことがあったのであろう。そして、卑弥呼の神託の場合も、辞を伝えるという「一男子」が審問者に相当するのであろう。

これらの事例からみると、大和の王権もある意味では神権政治であったことになるわけだが、わたしは大和の王権と倭国の王権にはその性格において相違があったと思う。倭国の場合は小国家が女王卑弥呼の「鬼道」といわれる宗教によって統合されていた。そして、女王は閉じられた世界のなかにいる「見えない王」であり、しかもその辞を伝える一男子は共同統治者の男弟とは別人らしいので、天皇や大臣らの前で神意をうかがい、彼らによって審問されるという大和政権での霊媒者と比較して、その神秘性はいちじるしいといわねばならない。だから、その王権はけっして制度化された強固なものではなく、神秘的存在そのものである女王卑弥呼の死によっていったんは解体してしまうようなものであったのである。

しかも、このような倭国の体質は、三世紀以降も基本的には変化しなかったと思われる。『記紀』によれば、景行や仲哀が九州に遠征したさい、同地の首長の恭順や抵抗をうけている。つまり、倭国はひとつの強い王権によって統治されるにはいたらなかったのである。それにたいして、大和政権の場合は、ミコが神意を問うことはあっても、彼女はけっして王なのではなく、すくなくとも卑弥呼の時代に並行する時期には、男王による世襲王権が成立していた。そして、王の死後、国家が分裂するようなおおきな変動があったとは、文献上からはうかがうことができないのである。

では、このような大和の王権はいかにして成立したのか。そのことについては、つぎに考えていくこととしよう。

大和王権の発展

大和王権の原型

ヤマトヒコの時代

最終的には倭国を滅ぼし、列島の大部分を統一するにいたる大和政権も、最初から最大、最強の地域国家であったわけではおそらくはない。その版図つまり支配地域は、常識的に見て、奈良盆地の一角から盆地全体やがて「畿内」からその周辺へと拡大し、ついには列島「全土」に及んだと思われる。では、大和政権はいかなる地域王権で、どのようにしてその支配を拡大していったのか。

このことを知るには、いわゆる欠史八代《けっしはちだい》を含めた初期の天皇の問題にかかわらねばならない。欠史八代とは『記紀』にほとんど事績が記されない第二代綏靖《すいぜい》天皇から第九代開化《かいか》天皇までをいい、神武《じんむ》天皇とともに実在性がほとんどみとめられないとされているが、はたしてそうだろうか。まず、初代神武天皇から九代開化天皇までの諸天皇の名前にはある共通点がある。それは彼らの大部分が「ヤマトヒコ」を根幹とした称号を有していることである。

神武天皇　カムヤマトイハレヒコホホデミ
綏靖天皇　カムヌナカハミミ
安寧《あんねい》天皇　シキツヒコタマデミ
懿徳《いとく》天皇　オホヤマトヒコスキトモ
孝昭《こうしょう》天皇　ミマツヒコカヱシネ
孝安《こうあん》天皇　オホヤマトタラシヒコクニオシヒト
孝霊《こうれい》天皇　オホヤマトネコヒコフトニ
孝元《こうげん》天皇　オホヤマトネコヒコクニクル
開化天皇　ワカヤマトネコヒコフトヒビ

周知のことだが、神武とか崇神などという漢字二文字の天皇の名は漢風諡号《かんぷうしごう》と呼ばれ、奈良時代の末期に一括しておくられたものである。諡号というのは死後におくられる「おくり名」のことである。それまでは、歴代の天皇はここにみえる「ヤマトヒコ」のような和風の名で伝えられてきた。ふつうこれらを和風諡号と呼ぶ場合があるが、死後に諡号をおくるのは、殯《もがり》の儀礼が整備された六世紀以降のことと考えられており、ここにみえる○○ヒコなどの名は称号とみたほうがよい。また、名前にはいわゆる本名にあたる諱《いみな》もあった。○○ヒコのあとにみえる名前、神武の場合ならホホデミがその諱ではないかと思われる。ちなみに、古代の人名はその人物に関係のふかい地名にもとづく名前と諱のふたつで伝えられたといわれる。

さて、ここでいうヤマトとは日本列島全体を意味するものではなく、狭義の大和、つまり現在の奈良県のさらにその一部、奈良盆地の東南部（直木孝次郎「〝やまと〟の範囲について」）をさす。このことは、第三代安寧天皇が、おなじく大和の一角、磯城《しき》地方の王を意味する「シキツヒコ」と呼ばれていることからあきらかである。同様に、神武はヤマトのイハレの王、綏靖のヌナカハや孝昭のミマもおそらく地名で、沼河の王や御間の王という意味であろう。つまり、九代目までの天皇はその名からみて、「ヤマト」や「シキ」という地域的王であったと認識されていたのであって、当然、その支配地はごくかぎられた範囲だったと思われる。

ただし『記紀』が伝える初期の王宮や陵墓の所在地については、かならずしも狭義のヤマトとはかぎっていない。

初期天皇の王宮と陵墓

綏靖天皇	葛城高丘《かずらぎのたかおか》宮	倭の桃花鳥田丘上《つきだのおかのうえ》陵
安寧天皇	片塩浮孔《かたしおのうきあな》宮	畝傍山南御陰井上《みほとのいのえ》陵
懿徳天皇	軽曲峡《かるのまがりお》宮	畝傍山南繊沙谿上《まなごのたにのかみ》陵
孝昭天皇	掖上池心《わきがみのいけごころ》宮	掖上博多山上《わきがみはかたやまのうえ》陵
孝安天皇	室秋津嶋《むろのあきつしま》宮	玉手丘上《たまてのおかのうえ》陵
孝霊天皇	黒田廬戸《いおと》宮	片丘馬坂《うまさか》陵
孝元天皇	軽境原《かるのさかいはら》宮	剣池嶋上《つるぎのいけのしまのうえ》陵
開化天皇	春日率川《かすがのいざかわ》宮	春日率川坂本陵

ここで気づくのは、葛城高丘宮をはじめとして、片塩浮孔宮、掖上池心宮、室秋津嶋宮など、葛城地方に位置する王宮が多いことである。また、陵墓についても、掖上博多山上陵、玉手丘上陵、片丘馬坂陵は葛城地域に位置したとみえる。ここから、この時期の天皇を葛城王朝と呼ぶ学者もいる。

ただ、王宮と陵墓の所在地が葛城で一致する例は多くない。とくに、綏靖の倭の桃花鳥田丘上陵はいわゆる狭義の倭（ヤマト）のなかで造営されたと思われ、葛城の高丘宮とはかなりはなれている。それにたいしてともに葛城にあるものとしては、孝昭天皇の掖上池心宮と掖上博多山上陵がある。また、懿徳天皇の軽曲峡宮と畝傍山南繊沙谿上陵、孝元天皇の軽境原宮と剣池嶋上陵、開化天皇の春日率川宮と春日率川坂本陵は、距離的に近いが、ともに葛城とははなれた位置にある。

いずれにせよ、初期の天皇については、王宮、陵墓のいずれかが葛城に関係する事例が多いのはうごかない。しかし、神武紀に倭国造《やまとのくにのみやつこ》とならんで葛城国造《かずらきのくにのみやつこ》が任命されていることからみて、奈良盆地西南部の葛城地方はヤマトとは別の地域と認識されていたのである。このことは、ヤマトヒコという初期天皇にたいする認識と矛盾するといわざるをえない。このことをいかに考えるべきか。

初期天皇の后妃

ここで注目されるのが、以下に示すように、初期の天皇の后妃についても葛城地方の神である事代主神《ことしろぬし》との関係を示すものが多いことである。

神武天皇　五十鈴媛《いすずひめ》　事代主神の娘
綏靖天皇　五十鈴依媛《いすずよりひめ》　事代主神の娘

安寧天皇　渟名底仲媛《ぬなそこなかつひめ》　事代主神の孫、鴨王《かものきみ》の娘
懿徳天皇　天豊津媛《あめのとよつひめ》命　安寧の子、息石耳《おきそみみ》命の子

これを系図化すると左のようになる。

図5

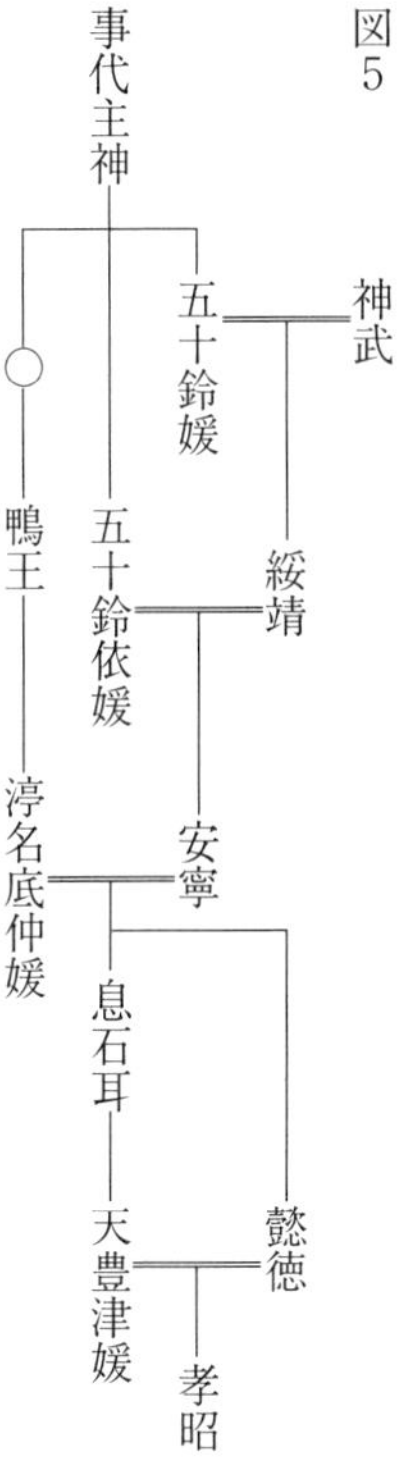

しかし、この系譜については疑問がある。その理由のひとつが、この時期の天皇の后妃については、葛城との関係をもつ伝えとは別に、大和地方の県主《あがたぬし》層との婚姻を伝えるものがあるからである。『日本書紀』によって記すと以下のようである。

綏靖天皇　磯城県主《しきのあがたぬし》の女《むすめ》川派媛《かわまたひめ》、春日県主大日諸《おおひもろ》の女糸織媛《いとりひめ》
安寧天皇　磯城県主葉江《はえ》の女川津媛《かわつひめ》、大間宿禰《おおまのすくね》の女糸井媛《いといひめ》
懿徳天皇　磯城県主葉江の弟猪手《いて》の女泉媛《いずみひめ》、磯城県主太真稚彦《ふとまわかひこ》の女飯日《いいひ》媛

孝昭天皇　磯城県主葉江の女渟名城津媛《ぬなきつひめ》、倭国の豊秋狭太媛《とよあきさだひめ》の女大井媛《おおいひめ》
孝安天皇　磯城県主葉江の女長媛《ながひめ》、十市《といち》県主五十坂彦《いさかひこ》の女五十坂媛
孝霊天皇　磯城県主大目の女細媛《ほそひめ》、倭国香媛《やまとのくにかひめ》、絙某弟《はへいろど》、春日千乳早山香媛《かすがのちちはやまかひめ》、十市《といち》県主等が祖の女真舌媛《ましたひめ》

このうち『古事記』によれば、磯城県主葉江は川派媛の兄に相当するという。これらの婚姻を系図化すると図6のようになるが、一見してあきらかなように、同世代の女子を何世代もの天皇が后としている。これは、これらの天皇が親子関係にあったとは考えられない伝えである。

つまり、初期の天皇については、その続柄がわからず、后の名前のみが伝えられていた時期があったのだろう。このようにみると、事代主神の系譜に繋がる天皇の系譜は、大和地方の県主層との后妃記事よりも新しく形成されたものと考えられるのである。このことは、葛城と初期天皇とのかかわりを示唆する伝えが新しいことをも示すのであって、葛城地方に初期天皇の王宮や陵墓があったとするのも、後世のものであった可能性を示していると思う。

さきに述べたように、初期の天皇の称号からは、彼らが狭義のヤマトの支配者と認識さ

れていたことはうごかないが、このことは、大和地方の県主層との婚姻とも符合する。このようにみれば、葛城地域の宮や陵墓は、おなじく葛城地域の豪族層との婚姻とともに、当初からの伝えではない可能性がたかい。

図6

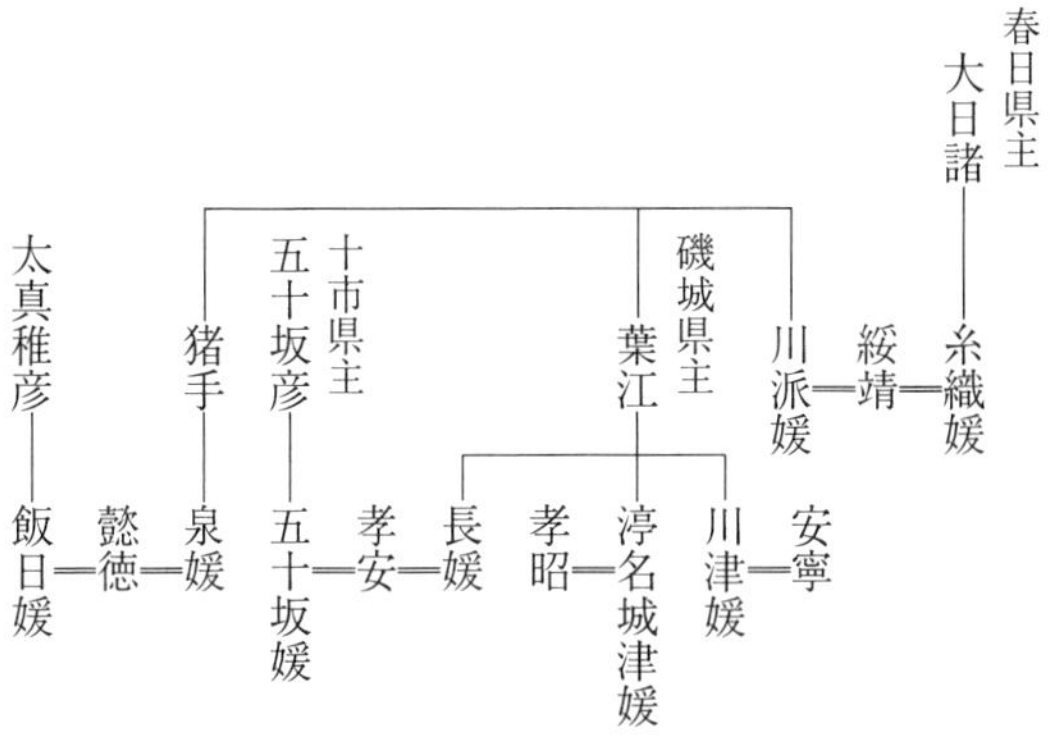

　つまり、欠史八代の天皇、とくにその初期のものについては、王名とその后の名のみが伝えられており、その後、彼らを一系につなぐ系譜が作られたと思われる。そして、その際、婚姻についても葛城の鴨《かも》氏との関係が強調され、そのなかから王宮や陵墓についても葛城地方に位置したということになったのではなかろうか。したがって、欠史八代の天皇については新旧二層の伝えがあったこととなり、後世のある時期にまとめて造作されたとは考えがたいのである。

　ただし、これらの宮や陵墓がまったくの架空の産物であるともまた断定できない。たとえば、初代神武天皇の陵墓が畝傍山東北陵とされ、綏靖の兄の神八井耳《かむやいみみ》命も畝傍山の北に葬ったとあるから、初期の天皇や王族について、畝傍山の周囲に墓があったと伝えられていたらしい。また、葛城地方に王族の宮が営まれたらしいことは、仁徳天皇の皇后という磐之媛《いわのひめ》の歌として「葛城高宮　吾家《わぎえ》のあたり」とみえることでもわかる（『古事記』『日本書紀』とも）。この歌が磐之媛の作かどうかは問題があるにせよ、彼女の実家が「葛城高宮」であると考えられていたことにはなろう。じじつ磐之媛は葛城襲津彦《かづらぎそつひこ》の娘であって、実家が葛城にあってもいっこうに不思議ではない。ちなみに、葛城襲津彦は孝元天皇の孫ないし曽孫とされる武内宿禰《たけのうちすくね》の子で、四世紀後半の大和王権の朝鮮出兵にしたがっている人物である。このように、四世紀半ばには葛城に王族の宮が営まれていたのであって、初期の天皇と葛城とのつながりについては、そのような動向が関連していると思われる。

初期天皇の婚姻

このようにみれば、初期天皇にかんする情報のうち古層に属すると思われる婚姻のありかたから、あらためて大和政権の版図拡大のプロセスがうかがえると思う。

まず神武天皇の場合は、その后の五十鈴媛は三島溝橛《みぞくい》の孫ということになっている。この三島とは摂津の三島、いまの大阪府高槻《たかつき》、茨木《いばらき》市あたりとみる説もあろうが、地理的にみて、むしろいまの奈良県天理市にある三島と考えたほうがよかろう。ついで欠史八代の場合をみると、圧倒的に磯城《しき》県主の一族の出身の后が多く、綏靖、安寧、懿徳、孝昭、孝安、孝霊の各天皇がそろってこの一族から后を迎えている。それ以外には、狭義のヤマトである倭国（孝昭、孝霊）、春日（綏靖、孝霊）、十市（孝安、孝霊）だが、いずれもみな、奈良盆地の東部に限られている。

その婚姻形態が変化するのが、第八代の孝元天皇からである。それまでの磯城県主などにかわって、穂積系のウツシコメと物部系のイカガシコメを后とするいっぽう、河内青玉《かわちのあおたま》繋《かけ》の娘、埴安媛《はにやすひめ》とも婚姻をむすんでいる。つまり婚姻の範囲が奈良盆地から河内へと拡大するのである。

つぎの開化天皇になれば、庶母のイカガシコメとの婚姻や、孝昭天皇の子、天足彦押人命が遠祖という和珥《わに》氏の姥津媛《ははつひめ》とともに、丹波の竹野媛《たかののひめ》との婚姻が目をひく。丹波の竹野は丹後半島の先端部だが、これは大和政権の支配がそこまで及んだのではなく、その地域の王との間に婚姻が成立したということであろう。当時の婚姻については、史料が大和政権側のものしか残存しておらず、ヤマト王権側の女性の嫁ぎ先など一切わからないが、おそらくヤマトやタンゴなどの地域王権は、たがいに婚姻をむすんで一種の連合を組織していたと推測されるのである。

このように、大和政権の初期の王たちが、奈良盆地の豪族と婚姻をむすび、さらにその周辺へと婚姻を拡大させ、それが政権の支配領域拡大に寄与したというのは、ありうべきことであると思われる。ただし、この段階までなら、大和政権は当時、列島内に併存していた北部九州を中心とした倭国や但馬を中心とした勢力、あるいは出雲の政権などとさほど異ならない地方政権であったとみてよい。そのような地方政権がやがて列島を統一するまでにいたるのであるが、そのプロセスを考察するまえに、この政権がいかなる支配をおこなっていたかをわずかな文献から考えてみたい。

祭祀体系の成立

いままで、わたしは大和政権の支配などという言葉を用いてきたが、具体的にはそれはどのようにしてなされたのであろうか。大和政権の王のちに大王《おおきみ》と呼ばれるようになる存在は、いかなることにその支配の正当性を見いだしていたのだろうか。

天皇と祭祀

古代の大王、そしてそれをうけつぐ天皇の職掌としてもっとも重要なものは祭祀であった。このことは『日本書紀』欽明十三年十月条のいわゆる仏教公伝をめぐる紛糾で、排仏派の物部尾輿《もののべのおこし》と中臣鎌子《なかとみのかまこ》が「我が国家の、天下《あめのした》に王《きみ》とましますは、恒《つね》に天地《あまつやしろくにつやしろ》社稷の百八十神を以て、春夏秋冬、祭拝《まつ》りたまふことを事《わざ》とす」と述べていることからもあきらかである。国家とは天皇のことである。また仲哀八年九月己卯条には仲哀天皇の言として「我が皇祖諸天皇等、尽《ことごと》に神祇を祭りたまふ。豈《あに》、遺《のこ》れる神有《ま》さむや」と記されている。

もちろん、これらの言葉が当時そのまま語られたかは疑問だが、そのような観念が一朝一夕に形成されるわけもない。九州の倭国が卑弥呼の宗教でまとまっていたように、大和王権もその統治に宗教が重要な役割を演じていたのである。そして、それは政権の最高首長つまりのちの天皇の専権事項であった。

ややあとのことになるが、『日本書紀』推古十五年二月戊子条には、推古天皇が群臣にたいして神祇を拝することを求めた詔のなかで「曩者《むかし》、我が皇祖《みおや》の天皇等、世を宰《おさ》めたまふこと、天に跼《せかがま》り地に蹐《ぬきあしにふ》みて、敦《あつ》く神祇を礼《いや》びたまふ。周《あまね》く山川を祠《まつ》り、幽《はるか》に乾坤に通《かよわ》す。是を以て、陰陽開け和《あまな》ひて、造化共に調《ととのお》る。今朕が世に当りて、神祇を祭《いわ》ひ祀《まつ》ること、豈《あに》怠ることと有らむや」と述べている。ここでも、天皇の第一の職務は神祇の祭祀であるという観念がある。

では、このようなかたちの大王の祭祀がおこなわれるようになったのはいつのことなのであろうか。祭祀の起源について『記紀』は初代神武天皇による祭祀を記す。神武紀に記された祭祀はふたつある。ひとつは、大和平定に先立っておこなわれたもので、天神地祇を祭り、あわせてことの成否をうらなうウケヒをおこなった。これは戦闘に先立っておこなわれる祭祀で、朝鮮出兵に先立って神功皇后がおこなった祭祀とウケヒ、神功を迎え撃つ前にオシクマ王がおこなったウケヒの狩などと同様の例である。

ここでは天神地祇といっているが、神武自身がタカミムスビの「顕斎《うつしいわい》」となったとあるので、じっさいは神武が霊媒となって皇祖神であるタカミムスビを祭ったのであろう。すでに指摘があるように、タカミムスビはもともと皇祖神であったらしい。ただし皇祖神がのちにタカミムスビから天照大神に変更されたわけではなく、顕宗紀にタカミムスビが日月神の祖神だという記載があるので、もとは太陽神がタカミムスビの子神だったと思われる。その後、イザナギとイザナミが日神の親神として宮廷神話にとりこまれたので、タカミムスビの位置づけがあいまいになったのであろう。つまり、タカミムスビと天照大神はいずれも皇祖神といってよいのである。

それにたいして、恒常的な祭祀の起源とみられるのが、神武紀四年二月甲申条の鳥見《とみ》山の霊時《れいじ》の創立である。ここで祭ったのは皇祖天神とされるが、具体的には皇祖神であるタカミムスビないし天照大神であろう。つまり、当初大和王権では、臨時的にせよ恒常的にせよ、もっぱら王の祖先神が祭られていたのである。そのありかたはおそらく、他の多くの氏族が始祖神を祭っていたのと変わりなかったものであろう。

ただ、鳥見山中の霊時で皇祖天神を祭ったとあるから、その祭祀は最初、王宮の殿舎ではおこなわれなかったらしい。それがある時期から祭祀の場は宮中に移された。崇神天皇の時代になって、それまで天皇の大殿内で祭っていた天照大神と倭大国魂《やまとのおおくにたま》を、それぞれ豊鍬入姫《とよすきいりひめ》と渟名城入姫《ぬなきいりひめ》に祭らせたとあるからである。この祭祀場所の変更は、王宮の発展と関連する事象と思われるが、くわしくはわからない。

ちなみに、天照大神と倭大国魂の祭祀形態がかわったといっても、宮廷での神々の祭祀はおこなわれなくなったわけではない。後になっても、宮中の大御巫《おおみかんなぎ》がまつる神として、カミムスビ、タカミムスビ、イクムスビ、タルムスビ、タマツメムスビ、オホミヤノメ、オホミケツカミ、コトシロヌシのいわゆる宮中八神がみとめられる。

この宮廷祭祀はかなり古いものとみてよい。というのは、ここに皇祖神としてタカミムスビがありながら（天照大神も本来は宮中で祭られていた）、イザナギ・イザナミが含まれていないからである。イザナギは本来、淡路の島神であって、その祟りにかんする記述が履中《りちゅう》紀と允恭《いんぎょう》紀にみえる。履中と允恭は五世紀前期から中期の人物だから、そのころはまだイザナギは皇祖神ではなかったのである。それがいつごろ皇祖神に位置づけされたのかは判然とはしないが、顕宗《けんぞう》紀に日月神の祖神であるタカミムスビの祭祀がおろそかにされているという記事があるので、そのころ、つまり五世紀末のころにはタカミムスビにかわってイザナギが日月神の親神に位置づけられるようになったのではなかろうか。このようにみると、宮廷祭祀は遅くとも五世紀には成立していたとみなくてはならない。

しかも、大和王権の支配地にかんする神としては、カミムスビとコトシロヌシがみられるのみであるのも考慮すべきである。カミムスビは出雲や紀伊の豪族の祖先神であり、またコトシロヌシ（事代主神）はすでにみたように葛城の神である。先にみたように、四世紀なかばには葛城に王族の宮が営まれていたし、紀伊の豪族とのむすびつきは、崇神が紀伊国の荒河戸畔《あらかわとべ》（『古事記』は国造とする）の女《むすめ》、遠津年魚眼眼妙媛《とおつあゆめまくわしひめ》を后としているあたりから存在したのであろう。

このようにみれば、いわゆる宮中八神の祭祀は、四世紀なかば、その一部についてはさらに古くさかのぼる可能性があるようにみえる。おそらくは、宮中では当初、タカミムスビや天照大神など、王家に直結する祖先神が祭られていたところへ、王権の支配拡大に対応して、紀伊や葛城の神をも含めた祭祀がおこなわれるようになったのであろう。

図7　伊勢内宮

崇神朝の祭祀改革

このような宮中での神祭祀のうち、崇神《すじん》天皇の時代になって天照大神と倭大国魂《やまとのおおくにたま》が宮廷の外で祭られるようになった。このうち倭大国魂については、渟名城入姫《ぬなきいりひめ》による祭祀は失敗に帰したらしく、あらためて倭直長尾市《やまとのあたいながおいち》によって祭祀がおこなわれることとなり、また天照大神は、その後垂仁天皇の時代になって、はるか伊勢で祭祀が営まれることとなる。伊勢神宮の起源である。

その理由について『日本書紀』は「神の勢《みいきおい》を畏《おそ》りて、共に住みたまふに安からず」という。だが、祭祀形態の変更というような古代にとって重要な事柄が、たんに神の勢を畏れてのことといえるだろうか。具体的にはいかなることなのか。

ところで『日本書紀』では、そのあとのこととして、疫病の流行と大物主神《おおものぬしのかみ》の託宣、そしてその祭祀の失敗を記し、最後に大田田根子《おおたたねこ》による大物主神の祭祀がおこなわれたと記す。その際、大田田根子を大物主神の祭主にせよという夢見には、それ以外に倭大国魂の祭祀についても倭直長尾市によれという指示があったという。とすれば、渟名城入姫による倭大国魂の祭祀は神意に沿わないものであって、それもまた疫病の原因であったわけである。

このようにみれば、大物主神とともに天照大神や倭大国魂の祭祀が十分におこなわれていないことも、疫病の原因とみなされたのではなかろうか。ちなみに私は、大物主神の祭祀がはじめ失敗したのが、いわゆる箸墓《はしはか》伝説のモチーフだと考えている（拙稿「三輪山の神とその周辺」）。

ここで注意しなくてはならないのが、

図8　箸　　墓

崇神朝に祭祀形態に変更があった神々は、じつはみな災害をもたらす神だということである。大物主神と倭大国魂がそのような神であることは、疫病にさいして祭祀を要求していることからあきらかである。そして天照大神もまた、神代の天磐戸《あまのいわと》隠《かく》れが示しているように、怒ればこの世界を暗黒にしてさまざまな災いをもたらす神なのである。とすれば、これらの神の祭祀になんらかの変更がおこなわれたのは、その原因に神のもたらす災害があったとみるほうがよいように思う。

なお、『日本書紀』は特定の天皇の時代におこったと伝えられている事柄を、年代を付して書き直しているので、事象の前後関係などは判然とはしない。たとえば、大物主神や倭大国魂の祭祀の復活の顚末を記したあと、九年三月戊寅条および四月己酉条に記される墨坂《すみさか》神と大坂神の祭祀は、おそらく疫病流行に対処したものだろうが、大物主神や倭大国魂の祭祀との前後関係はもともとはわからないのである。

このように、崇神朝には宮廷祭祀や三輪の大物主神の祭祀のあり方に変更がなされたのだが、これらは天皇の祭祀を特徴づけている全国の神々を祭るということではない。このような形態の祭祀はいつはじめられたのだろうか。それについては、『日本書紀』崇神七年十一月己卯条に「便《すなわ》ち別《こと》に八十万《やそよろず》の群神《もろかみ》を祭る。仍《よ》りて天社《あまつやしろ》・国社《くにつやしろ》、及び神地《かむどころ》・神《かむ》戸《べ》を定む」とあるのに注目せねばならない。じつにこのとき、全国（もちろん、その時の支配領域内だが）の神々を祭ることが始まったのである。

さらに崇神十二年九月己丑条に男の弭《ゆはずのみつぎ》調と女の手末《たなすえのみつぎ》調を科したとみえ、その結果、天神地祇が和享して、風雨時に順《したが》い、百穀も豊作だったとある。そうすると、この調は神祇祭祀に用いるために設定されたといえる。『古語拾遺』も、男の弭調と女の手末調を貢《おく》らしめたことについて「今、神祇の祭に、熊の皮・鹿の皮・角・布等を用ゐる、此の縁なり」と記す。つまり、その支配地域の人々から調を徴収し、それを幣帛《へいはく》として天皇が全国的な神祇祭祀をとりおこなうという体制が、このときととのえられたのである。

では、このときに整備された神祇祭祀とはいかなるものであったか。それを知る手掛かりとなるのが、『神祇令』の祭祀のうち、全国的な規模の神社を対象とした祭祀、祈年祭《きねんさい》と月次祭《つきなみさい》そして大嘗祭《だいじようさい》つまり新嘗祭《にいなめさい》である。

祈年祭の本義

このうち祈年祭は毎年二月にその年の穀物の豊作を祈って実施される祭りで、『延喜式』神名帳に記載された三一三二座の神々すべてが預かる祭祀である。ただし、その神々にも若干の差異があって、『延喜式』によれば、このうち七三七座の神は神祇官で祭り、その他はそれぞれの国で祭ることになっている。そして、神祇官で祭る七三七座の神のうちでもとくに三〇四座については、案上《あんのじょう》の幣がたてまつられるという。

この時に述べられる祝詞《のりと》が『延喜式』に載っているが、それはまず「集侍《うごなわりはべ》れる神主・祝部《はふりべら》等、諸聞食《もろきこしめ》せと宣《の》る」で始まり、

高天原に神留《かむづま》り坐《ま》す皇睦神漏伎《すめむつかむろぎ》命・神漏弥《かむろみ》命以ちて天社《あまつやしろ》・国社と称辞竟《たたえごとお》へ奉《たてまつ》る皇神《すめがみ》等《たち》の前に白《まお》さく、今年二月《きさらぎ》に御年始め賜はむと為《し》て、皇御孫《すめみま》命の宇豆《うず》の幣帛《みてぐら》を朝日の豊《とよ》逆登《さかのぼり》に称辞竟へ奉くと宣る。

と、天社・国社の諸神に幣帛を奉ることをのべたあと、具体的に、①御年皇神等、②大御《おおみ》巫《かんなぎ》の辞竟へ奉る皇神等、③座摩《いかすり》の御巫の辞竟へ奉る皇神等、④御門の御巫の辞竟へ奉る皇神等、⑤生島の御巫の辞竟へ奉る皇神等、⑥伊勢に坐す天照大御神、⑦御県に坐す皇神等、⑧山口に坐す皇神等、⑨水分《みくまり》に坐す皇神等に対する祝詞がつづく。このうち②から⑤は宮中に祭られている神々、⑥は皇祖神、⑦から⑨は大和の由緒ある神々であるから、①の御年皇神等に対する祝詞が全国の神々にかんするものなのである。

ところが、この祝詞の①の部分は、「奥津御年《おきつみとし》を八束穂《やつかほ》の伊加志穂《いかしほ》に皇神等の依《よ》さし奉《まつ》らば」、初穂の稲と酒、そして甘菜《あまな》・辛菜《からな》、鰭《はた》の広物《ひろもの》・鰭の狭物《さもの》、奥津藻菜《おくつもは》・辺津《へつ》藻菜、明妙《あかるたえ》・照妙《てるたえ》・和妙《にぎたえ》・荒妙《あらたえ》を奉ろうという文面であって、それらは祈年祭の時点ではなく、

収穫があった場合に奉納しようということなのである。そして祝詞はそのあとに、とくに御年皇神にたいしては「皇御孫命の宇豆の幣帛を称辞竟へ奉く」として、白馬・白猪・白鶏・種々の色物を奉るという。このことは『延喜式』神祇式に「御歳社は白馬・白猪・白鶏各一を加う」とあるのに対応し、またこの御年皇神は『令集解』神祇令が引く「令釈」と「古記」に「別に葛木鴨の名を御年と為す神、祭日、白猪・白鶏各一口なり」とあることからみて、葛城系の神であることはあきらかである。

また「皇御孫命の宇豆の幣帛を称辞竟へ奉く」という文言は、②以下の神々への祝詞にみられる。このようにみれば、もともと祈年祭で天皇から幣帛を奉られたのは、①の葛城の御年神と、②以下の特別な神々にかぎられていたのであって、それ以外の全国の神々までは対象とされていなかったということである。では、祈年祭の目的とは何であったか。それは、収穫があった場合に、神々にたいして供物を捧げるという一種の契約をおこなうことにあったと思われる。したがって、このとき契約を結んで収穫を約束した神々にすれば、あとでこれらの初穂や甘菜・辛菜が奉られなければ、祭祀は完結しないこととなる。つまり、祈年祭に対応して神々へ捧げ物をする祭祀が不可欠なのである。わたしは、その祭祀こそ、「祭る所の神、並びに祈年と同じ」と『延喜式』にある月次祭《つきなみさい》であると思う。

月次祭は六月と十二月におこなわれる祭祀で、対象は祈年祭で案上の幣がたてまつられる三〇四座、祝詞では祈願を述べずに、幣帛を奉ることを述べるだけであるが、これを祈年祭で約束した幣帛とみればつじつまがあう。また十一月におこなわれる大嘗祭、後世の新嘗祭でも『延喜式』で幣帛をうける神の数は三〇四座で、祈年祭のときに神祇官で幣帛を賜る神とひとしく、この時も天皇からの幣帛が奉られる。このようにみると、祈年―月次―新嘗は同一の神々にたいする一連の祭祀なのであって、祈年祭で神々との間にその年の収穫についての契約がなされ、月次、新嘗祭での奉幣でそれが果たされるという構造なのである。

ここで注目したいのが、横田健一氏が指摘するように、これらの三つの祭祀で共通して対象とされている三〇四座の神々の分布が、東は伊勢、東北は若狭、西北は丹後、西は播磨、西南は阿波に及んでいることである（横田健一「葛木御歳神社の生贄と祈年祭」）。これはつぎに検討する四道将軍の派遣によって拡大した大和政権の版図よりやや狭い範囲である。つまり、祈年祭、月次祭、新嘗祭の原初形態は、この範囲が大和政権の支配下にあるとき、いいかえれば四道将軍の派遣直前の段階に設定されたものだったと思われるのである。これは崇神天皇の時代にほかならず、さきにみた崇神七年十一月己卯条の八十万の群神を祭るという記事に対応している。この地域内においては、それまではおそらく地域の共同体や氏族ごとに、各々の神を祭っていたのが、大和の大王による一元的な祭祀にまとめられてしまったわけである。大和の王による祭祀体系によってまとめられていた地域が、当時の「全国」だったことは説明するまでもなかろう。いいかえると、大和の王はそれまでのようにみずからの祖先神を祭るのみでなく、支配地域の神々の祭祀にも関与することで、その地域全体の利害を体現する存在となったのである。これこそ、後世まで天皇の支配を正当づけるものにほかならない。

そして、このような祭祀体系は、当然大量の供物を必要とする。崇神朝以降の大和政権の支配地拡大には、そのような背景があったとわたしは推測している。

律令祭祀の起源

ちなみに、律令制下の祈年祭では、百官の官人が神祇官に集まって天神地祇を祭るが、わたしはこのような形態の起源が、さきにみた推古十五年二月戊子条の詔であると思う。ここでは推古天皇が「今朕《わ》が世に当りて、神祇を祭《いわ》ひ祀《まつ》ること、豈《あに》怠ること有らむや」と述べたあと、「群臣、共に為に心を竭《つく》して、神祇を拝《いやびまつ》るべし」と命じ、これをうけて当月甲午条には皇太子《ひつぎのみこ》（聖徳太子）と大臣《おおおみ》（蘇我馬子）が百寮をひきいて神祇を祭拝したとある。ここにおいて、それまではもっぱら天皇つまり大王のみがおこなう儀礼であった全国規模の神祇祭祀が、天皇のみならず朝廷を構成する人々全体も参加する朝廷儀礼となったわけである。そして、その儀礼とは具体的には二月におこなわれる祈年祭とみられるであろう。祈年祭で全国の神々に幣帛を奉るようになったのはこのころからではなかろうか。

おそらく、これを契機に、朝廷あるいは国家の行事としての神祇祭祀が整備され、やがてそれらは律令制度のもと、『神祇令』に規定されたいわゆる律令祭祀となるのである。ここでは、祭祀は天皇のみならず神祇官という官司によって執行される国家的儀式なのである。したがって、天皇のみが神祇祭祀をおこなうという『日本書紀』の記述は、けっして『日本書紀』編纂時の反映などではありえない。

この令に規定された祭祀が、祈年祭、鎮花《はなしずめ》祭、神衣《かむみそ》祭、大忌《おおいみ》祭、三枝《さいぐさ》祭　風神《かざかみ》祭、月次祭、鎮火祭、道饗《みちあえ》祭、神嘗祭、相嘗《あいなめ》祭、鎮魂祭、大嘗祭である。これらの祭祀は、最終的には律令祭祀にまとめられたもので、各々の起源についてはさまざまであろう。ただ、神祇祭祀が大王のもっとも重要な職掌であった点からみても、これらが律令制の整備とともに創始されたものとは考えられない。

たとえば、大忌祭と風神祭はそれぞれ大和国内の広瀬と竜田の祭祀で、『日本書紀』では天武四年以降、集中してあらわれる。これだけみると、この祭祀は天武天皇の時代に始まったかのようにもうけとれる。しかし、このうち風神祭の起源について、その祝詞は「志貴嶋《しきしま》に大八嶋《おおやしま》国知《しろしめ》し皇御孫《すめみま》命」つまり欽明天皇の時代に飢饉があり、それが天御柱命と国御柱命の意思と判明して祭祀がはじまったという。

『神祇令』規定の祭祀は、もちろん当時の祭祀のすべてではなく、国家による供物が捧げられるなど、国家的に援助されたものである。したがって、古い祭祀でもそこに漏れているものも当然存在する。たとえば賀茂の祭がそうである。この祭祀の起源は、『本朝月令』が引用する「秦氏本系帳」に、欽明天皇の時代に天下こぞって風雨のために百姓が愁えたので、卜部の伊吉若日子《いきのわかひこ》に卜せしめたら賀茂神の祟りとわかったので、四月の吉日に競馬による祭祀を始めたという。

ここでも欽明天皇の時代の風雨の不順が祭祀の起源とされているが、思うに、この時代にひろく天候の不順や飢饉があったらしい。これが仏教公伝にかかわって伝えられている疫病と同一かは判然とはしないが、いずれにせよ、各地域でそれを契機としてさまざまな祭祀が始まったとみられる。それが山背地方では賀茂の神、大和では竜田の風神であって、竜田の風神の場合、天武朝になって国家的祭祀に組み込まれたのであろう。地域の祭祀が国家的に再編成された事例である。

これらの事例でもあきらかなように、祭祀には災害を契機として始まっているものが多い。逆にいえば、祭祀とはまず、神に由来する天候不順や飢饉を回避するためのものであった。大王とそれを引き継いだ天皇がおこなう祭祀は、まさに「陰陽開け和《あまな》ひて、造化共に調《ととのお》る」ためのものだったのである。

四道将軍の派遣

四道将軍の派遣先

ひとつの祭祀体系によってまとまってはいたものの、一地方王権にすぎなかった大和政権がやがて全国政権にまで拡大にするについて、まず問題としなくてはならないのが、第一〇代崇神天皇の時代におこなわれたいわゆる四道将軍の派遣である。そして、同時に注目されるのが、崇神天皇以後の天皇にはもはや「ヤマトヒコ」という称号が付されていないことである。つまり、もはやこの段階から、大和王権の王は、大和盆地の一角の王ではなくなったということである。崇神の妃のなかには、紀伊国の荒河戸畔《あらかわとべ》の女、遠津年魚眼眼妙媛《とおつあゆめまくわしひめ》と尾張大海媛《おおしあまひめ》がいる。これらが即位前の婚姻である可能性も否定できないが、いずれにせよ、紀伊や尾張が崇神天皇のころには大和王権と同盟関係ないしはその版図に含まれていたことは確かである。それをさらに拡大したのが、四道将軍の派遣だったのである。

将軍たちによる四方の平定は、『日本書紀』崇神十年九月甲午条に「大彦命《おおびこのみこと》を以て北陸に遣し、武渟川別《たけぬなかわわけ》を以て東海に遣し、吉備津彦《きびつひこ》を以て西道に遣し、丹波道主《たんばのみちぬし》命を以て丹波に遣したまふ」と見える。同様のことを『古事記』では、崇神記に「大毘古命は高志《こし》道に遣し、その子建沼河別命は東方十二道に遣して、その服《まつろ》はぬ人どもを和平《やわ》さしめ、また日子《ひこ》坐《います》王を旦波《たにわ》国に遣して玖賀耳《くがみみ》の御笠《みかさ》を殺さしめたまひき」とあり、さらに「大毘古命は（略）高志国に罷《まか》り行でましき。ここに東方より遣しし建沼河別、その父大毘古と共に、相津《あいづ》に往き遇ひき」という伝承が付加されており、ふつう相津は東北の会津のことだとされている。

このように『古事記』では崇神朝に派遣されたのは三人で、西道にかんしては孝霊記に「大吉備津日子命と若建《わかたけ》吉備津日子命は二柱相副はして、針間《はりまの》氷河前《ひかわのさき》に忌瓮《いわいべ》を居《すえ》て、針間を道口《みちのくち》として、吉備国を言向《ことむ》け和《やわ》したまひき」と述べられている。しかし、この記載は、大吉備津日子命と若建吉備津日子命もそこにふくまれる、孝霊の皇子女記事の中で、その事蹟が記されているにすぎず、西道計略までをも孝霊の時代のこととする必要はない。崇神朝ごろに大和政権が周辺地域に進出していったとみて大過ないのである。

さて、この四道将軍の派遣によって、大和王権の支配下にはいったと思われる地域としては、まず丹波・丹後地方がある。この地域の豪族との同盟は、日子坐王の父にあたる開化天皇が丹波の竹野媛を娶っているころから生じていたらしいが、ここにきて、本格的に大和政権の支配下に組み込まれたのであろう。さらに西方としては吉備があるが、このときの吉備平定に関連するとみえる伝承が、『備中国風土記』逸文（賀夜《かや》郡、宮瀬川）に「河の西に吉備建日子《きびのたけひこ》命の宮を造りき」とみえるので、備中のあたりまでは進出していたと考えられる。

なお『古事記』に「針間を道口として、吉備国を言向け和したまひき」とあるのが、吉備を平定した際に播磨が前進基地となったと受け取れるので、それまでに播磨はすでに大和政権に服属していたようである。『播磨国風土記』（飾磨《しかま》郡）に、第五代孝昭天皇にあたるとみられる大三間津日子《おおみまつひこ》命が飾磨に屋形を造ったという記事もあるが、これは孤立した所伝で、アメノヒボコが渡来したころには、まだ大和政権は播磨に勢力を伸ばしてはいなかったという次節の解釈をもふまえれば、播磨全域としては四道将軍が派遣された崇神朝よりもすこし前のころ、大和政権の勢力下にはいったとみられよう。

ちなみに四国については明証を欠くが、景行朝にヤマトタケルが伊勢神宮に献上した蝦夷について、それをさらに都の近くに置き、結局さらに遠方に配したという。その後裔が播磨・讃岐・伊予・安芸・阿波の佐伯部《さえきべ》であるという（景行紀五十一年八月条）。このうち安芸の佐伯部については、仁徳紀三十八年七月条に、摂津の猪名県《いなのあがた》の佐伯部を安芸の渟田《ぬた》に移したとあるので、もとは猪名県の佐伯部であったらしい。しかも、それらの佐伯部の人々は、雄略即位をめぐる抗争のひとつ、市辺押磐皇子《いちべのおしわのみこ》の殺害事件にさいして「普く国郡に散れ亡げた」とあるので、播磨・讃岐・伊予・安芸・阿波の佐伯部はそれ以降の再編ということになる。しかし、安芸の佐伯部が仁徳朝にさかのぼることからみて、播磨・讃岐・伊予・阿波についても古くから佐伯部がいたとみなしてよいように思う。このようにみれば、これらの地方の佐伯部は景行朝にさかのぼる可能性があり、ここから讃岐・伊予・阿波はこの時期すでに大和政権下に属していたとみることが可能であると思う。土佐以外はおそらくそのころには服属していたとみて大過なかろう。

東国の範囲

それに対して、東国については漠然としてよくわからない。そこで傍証を集めてみると、四道将軍派遣のあとにその成果らしき記事がみえるのが注目される。まず、東国については、崇神紀四十八年四月丙寅条には「豊城命《とよき》を以て東国を治めしむ。是れ上毛野君《かみつけぬ》、下毛野君《しもつけぬ》の始祖」という記事がみえる。その東国の範囲は不明だが、この記事を額面どおりとれば、この時に上毛野、下毛野が支配下にはいったかのようにみえる。

しかし、垂仁紀五年十月朔条に一括されている狭穂彦《さほびこ》の反乱伝承では、上毛野君の遠祖八綱田《やつなだ》が「近県《ちかきこおり》の卒《つわもの》」を率いて狭穂彦を攻撃しており、この時点では上毛野君の祖はまだ中央に居たらしい。さらに景行紀五十五年二月条には、豊城命の孫、彦狭嶋王《ひこさしま》を「東山道十五国の都督」に任命したという記事があり、しかも彦狭嶋王は春日の穴咋邑《あなくいのむら》で死去したので、東国の百姓がその屍《かばね》を盗んで上野国に葬ったとある。これをみるに、豊城命の孫の彦狭嶋王になっても上毛野、下毛野はおろか東国にも赴任していないことがあきらかである。したがって、崇神紀四十八年の豊城命による東国統治は信を置きがたく、豊城命の子孫がのちに上毛野君、下毛野君となったことから遡及した記述であると判断できるのである。このようにみれば、四道将軍時の東国平定は地域的にかなり限定されたものであったことがうかがえるわけである。

つぎに北陸については「倭国と邪馬台国」の章でふれたツヌガアラシトの渡来が参考となる。垂仁紀二年是歳条の注に「一云《あるにいわく》」として「御間城《みまき》天皇の世に、額《ぬか》に角《つの》有る人、一の船に乗りて越国《こしのくに》の笥飯《けひ》浦に泊れり。故《か》れ其処《そこ》を号《なづ》けて角鹿《つぬが》と曰ふ」とみえるもので、これはこの時期に敦賀《つるが》が版図に入っていたことを示している。このように北陸については敦賀あたりまでは崇神朝に大和政権の支配下に入ったらしいが、それ以上のことはわからない。

そこでつぎに、景行《けいこう》朝のヤマトタケルの東征をみることから大和政権の東国と北陸での支配の拡大を考え、ついで崇神朝での支配領域を想定したい。

まず『日本書紀』景行紀四十年条では、ヤマトタケルの東征ルートは大和→伊勢→駿河→相模→上総→陸奥・日高見（蝦夷を平定）→常陸→甲斐→武蔵→上野《かみつけの》→碓日《うすひ》坂→信濃→（信濃の坂）→美濃→尾張と辿られ、駿河から「賊」に出会うことになっている。つぎに『古事記』では、大和から伊勢・尾張に至り、そこから「東国《あずまのくに》に幸《い》でまして悉《ことごと》に山河の荒ぶる神、及伏《またまつろ》はぬ人どもを言向《ことむ》け平和《やわ》したまひき」とあり、相武《さがみ》から走水《はしりみず》をへて「蝦夷どもを言向けて」帰還し、足柄坂から甲斐・科野《しなの》そして科野の坂をへて尾張に帰ったと記されている。いずれも、伊勢・尾張を大和政権の領域とし、それより東をまつろわぬ者の土地とする認識である。

なお美濃に関しては、景行紀四年二月甲子条に、景行天皇が行幸して八《や》坂入彦《さかのいりびこ》皇子の娘、八坂入媛《やさかのいりびめ》と婚姻するという話が見え、また同年同月是月条には美濃国造神骨《かむぼね》の娘、兄遠子《えとおこ》、弟遠子《おととおこ》を大碓命《おおうすのみこと》を遣わして視察させたという記事がある。両者はあるいは同根の伝説であったかもしれないが、さらに、景行紀四十年条の「大碓命を美濃に封ず。仍《よ》りて封地に如《まか》る。身毛津君《むげつきみ》・守君《もりのきみ》、凡《すべ》て二《ふたつ》の族《やから》の始祖」という記事とも照らし合わせて、いずれにしても、すでに大和政権の版図に含まれていたようである。

つぎに北陸方面については、『日本書紀』によれば、吉備武彦が碓日坂から別れて越《こし》へ向かい、美濃でヤマトタケルと合流している。越から美濃へ向かうルートとしては越中から神通川《じんつうがわ》に沿って飛騨から美濃へ至るものと、越前から九頭竜川《くずりゅうがわ》に沿って美濃に至るものが想定される。前者とすれば越の平定は越後から越中にかけてのものと思われ、後者とすればそれは越前まで至ったことになろう。逆にいえば、前者ならばそれまでの大和政権の版図は越中付近まで及んでいたことになり、後者とすれば越前あたりに止まっていたことになる。いずれにしても崇神朝段階で越後まで勢力が及んでいたとは考えられないのである。しかし、どちらをとっても敦賀には及んでいたのであって、垂仁紀二年是歳条にツヌガアラシトが角鹿に来たという記載とも符合するのである。

わたしは、この角鹿・美濃・尾張の範囲を、四道将軍時に征服された東国にほぼ相当すると見做してよいと思う。このようにみれば、大毘古命と建沼河別命が出会ったという相津が東北の会津だったとはとうてい考えられないが、垂仁記にみえる「尾張の相津」とすればこの推測と合致するのは注目すべきであろう。

四道将軍の出自

このように、崇神朝の四道将軍の派遣によって、大和政権は今日の畿内とその周辺、具体的には、東は角鹿・美濃・尾張、西は丹波・吉備の範囲へと支配を拡大していったのであるが、この四方に派遣された将軍とはいかなる人々だったのか（図9）。そこで彼らの出自をみてみると、まず大彦と武渟川別は親子で、大彦は孝元天皇の皇子、また日子坐（彦坐）王と丹波道主命も親子で、日子坐王は開化天皇の皇子であるという。

ついで、西道、吉備を平定した人物についてはやや複雑で、『日本書紀』に吉備津彦として出てくる人物は、孝霊の子の五十狭芹彦《いさせりひこ》のことであるが、『古事記』では、孝霊の子に日古伊佐勢理毘古《ひこいさせりひこ》、別名大吉備津日子と若建吉備津日子のふたりがみえ、両者が吉備を平定したことになっている。さらに大吉備津日子が吉備の上道臣の祖、若建吉備津日子が吉備の下道臣と笠臣の祖となっている。このうち日古伊佐勢理毘古は『日本書紀』の五十狭芹彦と同一人物であるが、吉備氏の祖については『日本書紀』は同じ孝霊の子でも稚武彦命となっている。この稚武彦命が『古事記』の若建吉備津日子に相当するのだろうが、『日本書紀』応神二十二年九月丙戌条に吉備の上道と下道氏らはともに御友別《みともわけ》から分かれたとあるので、『古事記』の系譜には問題がある。思うに、吉備津彦とはヤマトヒコやイツツヒコなどと同様に、吉備の王という普通名詞であって、複数の吉備津彦が存在していても不思議ではない。おそらく吉備津彦が吉備を平定したという独立の伝承があり、それを孝霊のいずれの皇子にあてるかで異伝が生じたのであろう。

このように、四道に派遣された将軍は、みな王族であるが、彼らはこのとき以外にも軍事行動にしたがっている。まず崇神天皇の時代におこったとされる武埴安彦の反乱にさいして、山背から来る武埴安彦を大彦と和珥《わに》臣の祖とされる彦国葺《ひこくにぶく》が、大坂から来る吾田媛を五十狭芹彦つまり吉備津彦が討伐している。また吉備津彦は、あとでふれる出雲の内紛への介入にさいしても武渟川別とともに活躍している。なお、五十狭芹彦つまり吉備津彦については、武埴安彦の反乱については五十狭芹彦、四道将軍や出雲への軍事介入については吉備津彦という名が用いられており、史料系統がことなるらしい。おそらく、大和政権の地方への軍事行動について吉備津彦が活躍する伝えが存在したのであろう。

図9

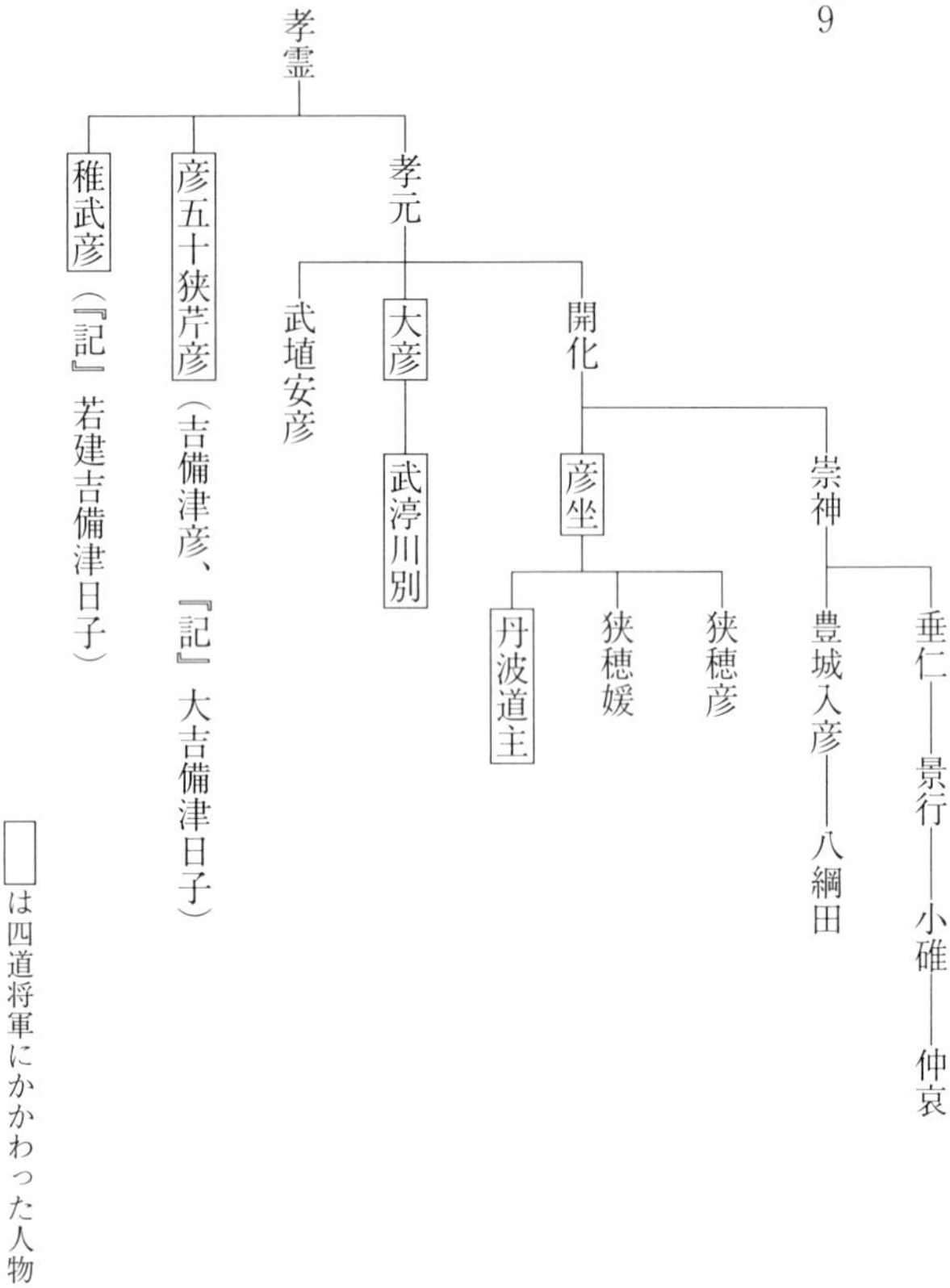
孝霊
孝元
彦五十狭芹彦
（吉備津彦、『記』大吉備津日子）
稚武彦
（『記』若建吉備津日子）
開化
大彦
武埴安彦
武渟川別
崇神
彦坐
垂仁
豊城入彦
狭穂彦
狭穂媛
丹波道主
景行
八綱田
小碓
仲哀
□は四道将軍にかかわった人物

王族と地方支配

　このように、崇神天皇の時代、大和王権の軍事行動では王族が中心となっていることが判明するが、さらに注目すべきが、地方への軍事行動にかかわった王族やその子孫などが、それらの地域の支配者となっていることである。

　その一例が丹波である。丹波といってももとは丹後と同じで、丹波の故地はむしろ丹後に属しているが、大和王権とこの地域との関係は、すでに日子坐王の父にあたる開化天皇が丹波の竹野媛《たけのひめ》を娶っているころから生じていたらしい。竹野は丹後半島の北端に位置しており、おそらくその地の豪族と大和の王が同盟関係を結んだのだろうが、たんなる同盟関係から、やがて大和王権の王族が丹波に定着してその地を支配するようになったのである。『古事記』にみえるいわゆる日子坐王系譜によれば、日子坐王の子、丹波道主命が丹波の女性と結婚し、その五人の娘が丹波から垂仁の后に迎えられている。つまり、丹波道主命は文字通り、丹波の道の主であって、丹波に居住したことが確かなのである。『記紀』の記述を総合すれば、日子坐王が丹波の豪族を滅ぼし、その後、息子の丹波道主がその地の支配者として大和から派遣され、地元の女性と結婚したということではなかろうか。

　つづいて吉備もまた同様な事例である。古代の吉備については巨大古墳が散在していることから、大和に匹敵するような大きな勢力があったともみなされているが、これは吉備

図10　造山古墳

を治めた氏族が王族だからである。このことは、すでに記したように、『古事記』では、日古伊佐勢理毘古つまり大吉備津日子が吉備の上道臣の祖、若建吉備津日子が吉備の下道臣と笠臣《かさのおみ》の祖とされ、『日本書紀』は同じ孝霊の子でも稚武彦命が吉備氏の祖とされていることからあきらかである。上道、下道、笠などの枝氏を総称した吉備氏の祖としては稚武彦命を想定するのが正しいようだが、『日本書紀』によれば、軍事遠征の指導者とその兄の五十狭芹彦は同一人となるし、『古事記』ではその兄弟ともに遠征にかかわったこととなる。

なお、吉備氏はその後も大和政権の軍事部門を担当し、景行天皇の時代の小碓《おうす》皇子つまりヤマトタケルの東国遠征には吉備武彦、仲哀と神功の北部九州遠征にも吉備臣の祖、鴨《かも》別《わけ》が従軍している。このようにみれば、吉備地方にはけっして大和から自立した勢力があったわけではなく、大和政権において軍事的役割を担う、王族を出自とする大勢力が存在したのである。造山《つくりやま》古墳に代表される吉備の巨大古墳は、大和政権内におけるその地位の重要性をなによりも示しているのである。

ではつづいて、四道将軍の派遣以降の動向を考察することとしよう。

出雲と但馬の服属

出雲の服属と国譲り

大和政権は列島各地の地域王権を打倒ないし征服して、その版図を拡大していったことは確実であるが、それが具体的にどのようにおこなわれたのかについては、『記紀』の伝えるところはおどろくほどすくない。四道将軍の派遣についても、その具体的な活動についてはほとんどわからない。その例外が出雲と但馬であって、『日本書紀』には崇神朝での出雲の服属、つぎの垂仁朝における但馬の服属が記されている。そして、これらの事例から大和政権の地方制圧の様相を推定することができるのである。

まず出雲の服属にかんしては、崇神六十年七月己酉条に、天皇が出雲大神宮にある武日《たけひな》照《てる》命の神宝を見たいといって武諸隅《たけもろすみ》を遣わし、出雲臣の遠祖、出雲振根《いずもふるね》が筑紫に行って留守中に、その弟の飯入根《いいいりね》が神宝を奉ったという。この時献上した神宝の内容は、のちの出雲国 造《くにのみやつこ》がその就任時に奉った神宝（『出雲国造神賀詞』）から推測すると、白玉・赤玉・青玉・横刀・白馬・白鵠・鏡であったと考えられる。出雲ではその後、その処置に憤った出雲振根が飯入根を謀殺し、それにたいして大和政権が吉備津彦と武渟河別《たけぬなかわわけ》を遣わして出雲振根を討ったという。大和にたいする姿勢をめぐって内紛があったのだろう。

この事件の神話的表現が国譲りの神話である。『古事記』によれば、それは以下のようであった。

天照大神はアメノホヒノミコト、ひきつづいてアメノワカヒコを葦原中国《あしはらのなかつくに》に遣わしながら失敗におわったあと、タケミカヅチ神と天鳥船《あめのとりふね》神を地上に派遣した。ふたりの神は出雲の伊那佐《いなさ》の浜に降り「十掬《とつか》剣を抜きて、逆《さかしま》に浪の穂に刺し立て、その剣の前《さき》に趺《あぐ》み坐《ま》して」大国主神と国譲りの談判に及ぶ。大国主神はその子事代主《ことしろぬし》神が返答するだろうといって、事代主神を召したところ、事代主神は「恐《かしこ》し。この国は、天つ神の御子に立奉《たてまつ》らむ」といって、「その船を踏み傾けて、天の逆手《さかて》を青柴垣《あおふしがき》に打ち成して」隠れてしまった。そこにタケミナカタ神があらわれ「誰ぞ我が国に来て、忍び忍びにかく物言ふ。然らば力競《くら》べせむ」とタケミカヅチ神に挑んできた。タケミカヅチ神はタケミナカタ神を投げとばし、タケミナカタ神は逃げて、信濃の諏訪湖に追い詰められ、タケミカヅチ神にたいして「この地《ところ》を除《お》きては、他処《あだしところ》に行かじ」、「この葦原中国は、天つ神の御子の命の随《まにま》に献らむ」と述べた。これをうけて大国主神も、葦原中国を献上することに同意するが、そのかわりに巨大な宮殿を造営してくれれば、そこに隠れると返答した。

大意はこのようだが、『古事記』では地上世界である葦原中国を天つ神に献上することとなっているとはいえ、大国主神が出雲の神であることは周知で、しかもその談判が出雲でおこなわれたことからみて、神話の核心には出雲の服属があったことは容易にわかる。しかも、国譲りに同意する神と反発して打倒される神がいることなども、崇神紀にみえる出雲服属の一件につうじるものがある。したがって、この神話が出雲服属をもとにしたものであることはまずまちがいないであろう（田中卓「古代出雲攷」）。

ただし、『古事記』の国譲りの神話には、出雲以外の神も登場する。事代主神はすでにみたように大和の葛城の鴨氏の祖先神であるし、タケミナカタもともとは諏訪の神であろう。

じつは、『日本書紀』の国譲り神話には二つの系統がある。ひとつは国譲りの主体をオホナムチつまり大国主神とするもの（第二の一書）、もうひとつは国譲りの主体をオホナムチとコトシロヌシ（事代主神）とするもの（本文、第一の一書）である。このようにみれば、当初、国譲りは出雲の神であるオホナムチによっておこなわれた、文字どおり出雲服属の神話だったのである。しかも、第二の一書にはオホモノヌシとコトシロヌシがタカミムスビら天の神に帰順する神話が別々に記されている。つまり、出雲の服属とは別に、大和の神々の服属を表す神話が存在したのである。オホナムチとコトシロヌシによる国譲りの神話は、それらをまとめたものにほかならない。そしてその際に、オホナムチはオホモノヌシと同一とされ、コトシロヌシはオホモノヌシの子神に位置づけられたのであろう。さらに『古事記』の神話では、諏訪のタケミナカタも高天原に服属する神として、大国主神の子神とされている。

つまり、国譲りの神話はその発展のなかで、出雲以外の神々が出雲の神と血縁関係があるようにまとめられていったのである。わたしは大学時代に研究室の旅行で長野に行ったさい、出雲系のタケミナカタがなぜ諏訪に祭られているのかと、長山泰孝教授から問いかけられたことがある。そのときは確たる考えもなく、「出雲勢力が及んでいたんでしょうか」などと答えたように記憶するが、それは大和王権に服属した神々のいわば習合現象に

図11　出雲大社

ほかならなかったのである。

出雲大社の創祀

出雲については後日談がある。

大和の軍事介入のあと、出雲臣らによる出雲大神の祭祀が一時途絶え、皇太子の活目尊《いくめ》のちの垂仁《すいにん》が天皇に奏して再開されたという。ところが、『古事記』によれば、垂仁天皇の子、ホムツワケ王は成人しても言語が不自由で、天皇の夢に出雲大神が「我が宮を天皇の御舎《みあらか》の如《ごとく》修理《つくりおさめ》たまはば、御子必ず真事《まこと》とはむ」と告げた。そこで、ホムツワケ王は出雲に行って出雲大神を拝したところ、しゃべることができるようになり、その結果「神宮」が造営されるようになったという。いまの出雲大社、杵築《きつき》大社の起源である。

このように、出雲大神つまり大国主神は、天皇の皇子にも祟るおそるべき神だったのである。わたしは、出雲の服属が国譲りという神話となったのも、スサノヲなどの出雲系の神が皇祖神の血縁者として位置づけられるようになったのも、ここにその原因があり、宮廷神話にそれらがとりこまれたのは、この事件のあった垂仁朝をさほど下らないころではなかったかと推測している。

但馬の服属

その垂仁朝には、さらに出雲と丹波に挟まれた但馬《たじま》が大和に服属する。垂仁紀八十八年七月戊午条に、アメノヒボコのもたらした神宝をヒボコの曾孫、清彦に奉らせたとみえるのがそれである。それによれば、天皇がアメノヒボコの将来した神宝を見たいといって、ヒボコの曾孫、清彦にその献上をもとめ、清彦は自ら神宝を献上した。それらは、羽太《はふと》玉・足高《あしたか》玉・鵜鹿鹿《うかか》の赤石《あかし》玉・日鏡《ひのかがみ》・熊の神籬《ひもろぎ》であった。出石《いずし》の小刀だけは献上しなかったが、ことあらわれて献上におよび、自然に消失するという奇跡があったという。

ここで興味深いのは、出雲と但馬では出雲のほうが大和からみれば遠方であるのに、大和政権への服属では但馬より出雲のほうが早いという事実である。これは、当時、但馬の勢力が大和政権にとって手ごわい存在であったことを示しているのではないだろうか。では、但馬の勢力とはいかなるものであるのか。それをつぎにみてみよう。

アメノヒボコの渡来

但馬の王権の起源はアメノヒボコの伝説となって伝えられているが、じつは地方王権で文献上からその成立事情をうかがえる数少ない例がこの但馬の王権なのである。まず『古事記』応神段には、難波のヒメコソ社のアカルヒメの渡来を記したあと、彼女を追いかけて新羅国主の子、天之日矛《あめのひぼこ》が渡来したと記し、彼から神功の母、葛城之高額比売《かずらぎのたかぬかひめ》までの系譜を記す。その経路としては、難波に到ろうとしたが、その渡の神に塞がれ、多遅摩《たじま》（但馬）国に泊《は》てて、そこに留まることとなったと記す。

また『日本書紀』垂仁八十八年七月戊午条の但馬の清彦の服属を記した記事の末尾に、昔一人が艇《おぶね》に乗って但馬国に泊まったが、それが新羅王子の天日槍《あめのひぼこ》で、そのまま但馬に止まって同地の前津見《まえつみ》の娘、麻拕能烏《またのお》をめとって、清彦の祖父の諸助《もろすく》を生んだという。

さらに『日本書紀』は、垂仁三年三月に「新羅の王子天日槍来帰」と記して、この時にヒボコが渡来したように書き、さらに「一云《あるにいわく》」として、ヒボコが播磨国宍粟邑《しさわのむら》にあったとき、天皇が三輪君の祖、大友主と倭直《やまとのあたい》の祖、長尾市《ながおち》を遣わして交渉させ、ヒボコは八種の神宝を献上して、天皇は宍粟邑と淡路国出浅邑《いでさ》を与えたが、ヒボコはさらに諸国を巡ることを許されて、宇治川を遡って近江へ入り、若狭を経て但馬に住居を定めたという。しかし、実年代での八五年の間隔は合理的とはいえ、同じヒボコの曾孫の清彦が大和政権に帰順したという垂仁の時代に渡来したとは思えないし、八種の宝の献上もヒボコの曾孫、清彦のときのこととしたほうがよい。したがって、ヒボコの渡来を垂仁としたのは、その子孫の服属がこの時代だったことからきた異伝で、ほんとうの渡来時期はそれより何代か前の大王の時代とすべきであろう。清彦がヒボコの曾孫であることからみて、その時期は垂仁の三、四代前の孝霊、孝元天皇のころではなかろうか。もとより、この時期は大和政権の勢力は播磨に及んでおらず、ヒボコと渡来時に大和王権との交渉もなかったはずである。だからこそ、その渡来の時期が明確ではなく、天皇の名とともに伝えられることもなかったのである。

しかし、これらの伝承から、ヒボコが朝鮮から渡来してきたこと、はじめは瀬戸内海を東進して難波に上陸しようとしたが果たせず、但馬に到ったことは判明する。ではどのようなルートで但馬に入ったのであろうか。

『播磨国風土記』に、ヒボコと土地の葦原志許乎命《あしはらしこお》や伊和《いわ》大神との抗争があったと記されている。葦原志許乎命と伊和大神は同一の神とみる見解もあるが、伊和大神が多くの子神や姉妹神、妻神を有しているのにたいして、葦原志許乎命は単独で、しかもヒボコとの抗争という出来事についてのみ語られるという特色をもつ。わたしは、この二つの神は別個のもので、伊和大神は葦原志許乎命より新しい神だろうと考えている。

『播磨国風土記』によれば、ヒボコは宇頭《うず》の川底（河口）に至り、葦原志許乎命に宿る場所を求めたといい、川に沿った宍禾《しさわ》郡に両神の国占めの伝説をいくつか載せる。そして同郡御方《みかた》里の条に、両神が黒土の志爾嵩《しにだけ》にいたり、そこでおのおのも黒葛《つづら》三条《みかた》を足につけて投げたところ、ヒボコのものはすべて但馬国に落ちた。そこでヒボコは但馬の伊都志《いずし》の地を占めたという。

これらの伝説からみるに、ヒボコは揖保川《いぼかわ》河口に上陸し、揖保川沿いに葦原志許乎命と抗争しつつ北上して但馬に入ったというのが、『播磨国風土記』の伝えるヒボコの移動経路であろう。わたしは、ヒボコは難波上陸を断念したあと、播磨をへて但馬に入ったのではないかと考えている。

さて『記紀』さらに『播磨国風土記』もそろって、アメノヒボコであらわされる但馬に王権を確立した勢力は、外部、具体的には朝鮮、新羅からの侵入者とする。ここで思い合

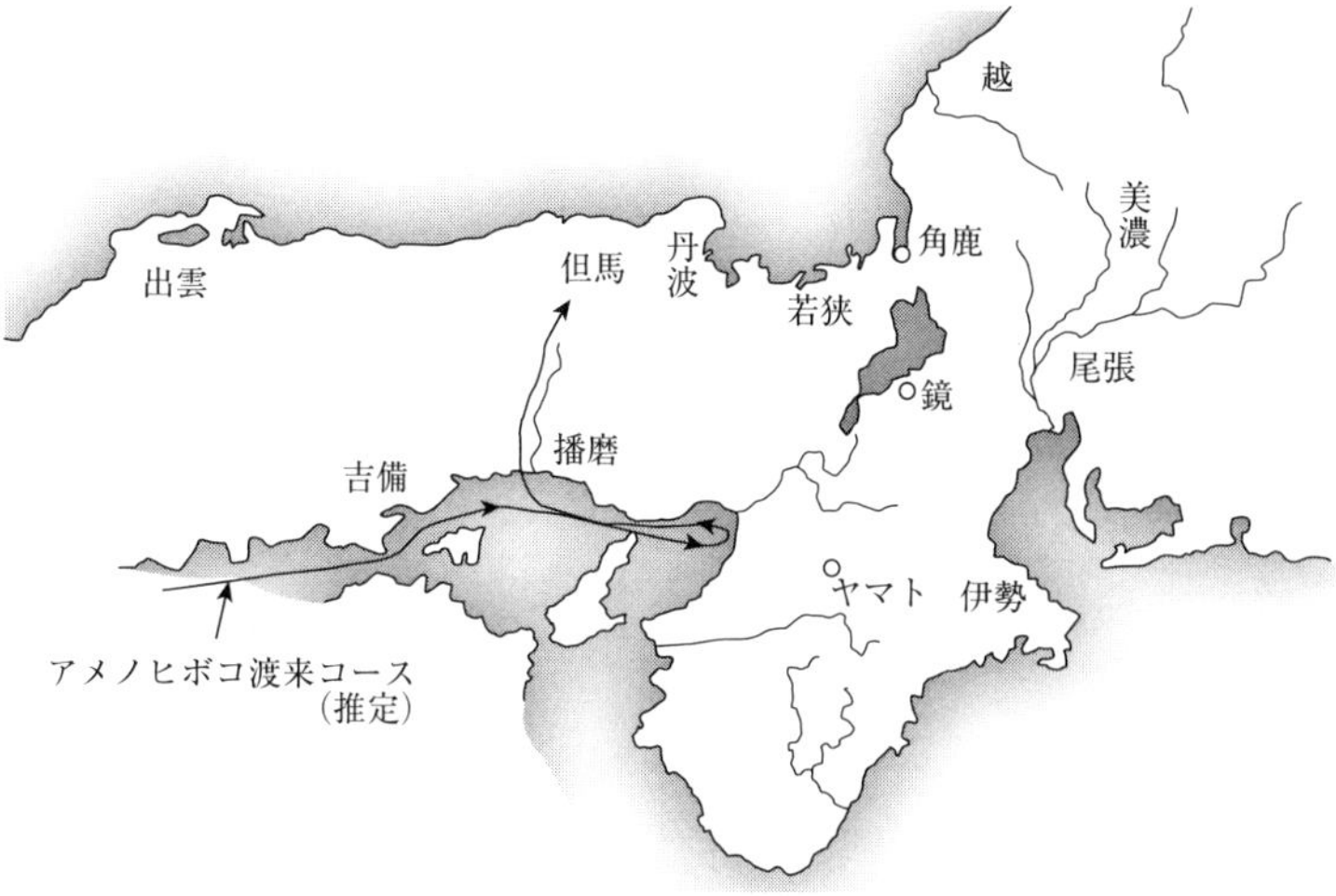

図12　崇神・垂仁朝での大和政権の勢力範囲

わせるべきが、「倭国と邪馬台国」の章でもふれたが、伊都国の故地、怡土郡《いとぐん》にかんする『筑前国風土記』の逸文に、伊都国王と考えられる五十迹手《いとで》が仲哀を穴《あな》門《と》の引島に出迎えたとき、彼は天皇に「高麗《こま》の国の意呂山《おろやま》に天降り来《こ》し日桙《ひぼこ》の苗裔《すえ》、五十迹手是《これ》なり」と申したとみえることである。つまり、伊都国の王もまたその始祖を朝鮮の山に降臨したヒボコと伝えていたのであって、結局、但馬と伊都国の王はその出自を同じくするものだったのである。

　なお、ヒボコが但馬に侵入した時期については、先にみたように、垂仁の曾祖父にあたる孝元のころとみるべきだろう。

その年代はもとより判然としないが、二世紀後期から三世紀はじめとも思われ、いずれにせよ、当時大和政権は但馬はいうに及ばず播磨にもじゅうぶん勢力を伸ばしてはおらず、渡来時のヒボコとはじかに接することはなかったのである。先に述べたように、この段階の大和政権はまだ、その首長が「ヤマトヒコ」と呼ばれているように、のちの畿内地域に局限された地域王権にすぎなかったのである。

但馬の勢力

いや、むしろその段階では、但馬の勢力のほうが強大だった可能性すらある。まず、『播磨国風土記』が伝える伊和大神とヒボコとの抗争は、但馬の勢力が播磨へ侵入を企てたことを示すものではなかろうか。また『日本書紀』には、近江国鏡村の谷の陶人が天日槍の従人であるとみえ、湖東にまでその勢力が及んでいたようにもみえる。さらに『日本書紀』がヒボコの渡来経路として記している宇治川を通って近江、さらに若狭から但馬に到ったというルートは、ヒボコが難波に上陸できなかったことなどからみても史実とは思えないが、近江国鏡村の谷の陶人の事例のように、各地にヒボコにまつわる遺跡、伝説が残っていた可能性があり、これらの場所を点綴《てんてい》して、ヒボコの移動経路のように表現したものかもしれない。そうすると、この記事は、但馬の勢力が、若狭から近江、さらに宇治川沿いに及んでいたことを示していることとなる。このようにみれば、但馬の勢力は、播磨・若狭・近江さらに宇治川流域へと伸びていこうとしていたのである。

これにたいして大和の王権は丹波・丹後の王権と結び、やがてその地域を支配下に置いてゆく。そして、北陸は敦賀方面に勢力を伸ばし、西は播磨から吉備へと支配を拡大していった。これは一面からみれば、但馬の包囲にほかならない。そして、このようにみれば、出雲の服属とは但馬包囲網の完成にほかならないことがわかろう。丹波と出雲そして播磨や吉備が大和政権下に服属した段階では、但馬の孤立は免れない。その服属の時期が出雲に遅れるのは、じつはすこぶる蓋然性が高いことなのである。

ところで、出雲と但馬の場合だけ大和政権への服属が史書に記されたのは、この二つの地域が大和政権にとってかなり手ごわい相手であり、その服属が記録的なものであったからでもあろうが、この二つの地域の豪族（事実上は王）がともに中央に出仕して朝廷に仕えており、その伝承が採録されやすかったのも一因であろう。大和政権の地方支配については後で述べるが、大和政権の服属した勢力はおおくの場合、その地域の支配を任せられるのが一般的であった。そのようななかで、中央に出仕した地方豪族としては出雲出身の土師《はじ》氏や但馬出身の三宅《みやけ》氏はかなり例外であって、それはその勢力が大和政権にとって無視できないものであったからでもあろう。

大和政権の版図

さて、これまでみてきた崇神・垂仁朝での征服事業をへて、大和政権の支配地域は、垂仁のあとをついだ景行天皇の当初には、西は出雲・吉備、東は角鹿・美濃・尾張のラインに及んでいたとみられる。この範囲は、垂仁紀二十五年三月丙申条にみえる倭姫命《やまとひめ》の巡行が菟田《うだ》・近江・美濃・伊勢を通っていることと符合しており、さらに、垂仁朝のこととされるホムツワケ王説話の鵠《くぐい》の飛行範囲をもほぼカバーしている。それは、垂仁記では、大和から木国《き》→針間国《はりま》→稲羽国《いなば》→旦波国《たにわ》・多遅麻国《たじま》→近淡海国《ちかつおうみ》→三野国《みの》→尾張国→科野国《しなの》→高志国《こし》→和那美水門《わなみのみなと》を巡ったとされ、また垂仁紀二十三年十月壬申条では「時に湯河板挙《ゆかわたな》、遠く鵠《くぐい》の飛びゆきし方を望みて、追い尋《つ》ぎて出雲国に詣《いた》りて捕獲《とらえ》つ。或は曰く但馬国に得たりと」と記されている。

とくに、この範囲に敦賀がふくまれているということは、崇神朝以降の大和政権がそこを外港として大陸と交渉をもった可能性があり、九州を経由したルートが開かれる以前から、大和政権に大陸の文物がもたらされていても不思議ではない。

この版図をさらに拡大したのが、景行天皇の時代であった。このうち西方、九州への遠征についてはあとにくわしく検討するが、それとならんで東国への版図拡大がヤマトタケルの業績として伝えられている。その経路については、四道将軍を検討するなかですでに触れたが、これによって大和政権は関東から北陸にかけての東国をその支配下においたのである。

大和政権の起源

三代の王宮

纒向の王宮

大和政権がその支配領域を格段に拡大した崇神・垂仁・景行の三代の間、王宮を営んだ地が、現在の奈良県桜井市、三輪山《みわやま》の麓に位置する纒向《まきむく》であった。いまここでは纒向遺跡という巨大遺跡が発掘され、大和説に立った場合の邪馬台国所在地の最有力候補となっている。しかし、それよりまえに、この地が崇神・垂仁・景行三代の宮であったことをまず想起しなくてはならない。

崇神・垂仁・景行の王宮の位置については、『日本書紀』にそれぞれ磯城瑞籬宮《しきみずがき》、纒向珠城宮《たまき》、纒向日代宮《ひしろ》とみえるが、『古事記』には師木水垣宮、師木玉垣宮、纒向日代宮とあって、垂仁の王宮の所在地が師木（磯城）とも書かれている。したがって、崇神の王宮についても纏向にあった可能性がたかく、結局この三代の王宮はそろって纏向にあったわけである。この場所から巨大な遺跡が出土したことの意義は重要である。

その意味でわたしが注目するのが、この遺跡からベニバナの花粉が発見されたことである。二〇〇七年一〇月三日にこの発見を報じた各紙の見出しには、「邪馬台国時代にもベニバナ」（『読売新聞』）とか「卑弥呼も使った？　古代の赤」（『朝日新聞』）など、邪馬台国との関連を示唆するフレーズが踊った。邪馬台国との関連がいわれるのは、『魏志倭人伝』に倭国が魏に送ったと記す品物のなかに、アカネ色に染めたと思われる「絳青縑《こうせいけん》」がみえるからである。しかし、この発見をもって「纏向遺跡が邪馬台国の一角であることを補強する有力な材料だ」（石野博信氏、『読売新聞』）というまえに、『日本書紀』に纏向と赤色の染色との関係を示す記述があることに留意すべきである。

『日本書紀』垂仁二年条には、崇神朝の末年に渡来して来た任那人、蘇那曷叱智《そなかしち》の帰国を記し、その際、任那王に対して「赤絹《あかきぬ》一百匹」を賜ったという。また同条の注に「一云《あるにいわく》」として蘇那曷叱智と同一人物と思われるツヌガアラシトの渡来を記し、そこにも彼の帰国に際して「赤織の絹」を給ったという。さらに垂仁のつぎの景行の時代にも赤い布の伝承がある。景行紀十二年九月戊辰条には、天皇の先発隊として豊前に遣わされた武諸木《たけもろき》らが、その地の豪族を「赤き衣《きぬ》・褌《はかま》及び種々《くさぐさ》の奇《めずら》しき物」で誘って誅殺したという話が載せられている。ここでも大和政権が赤い布を所有しており、それが交易に用いられていたことを暗示しているのである。

纏向に王宮をもった天皇の時代に赤い絹や布の伝承があるということは、この時期に大和政権では赤の染色がおこなわれていたということである。纏向遺跡から赤の染色に用いるベニバナの花粉が発見されたことはこれに符合する事実である。このことはたんなる偶然とは思えない。纏向遺跡でのベニバナ花粉の検出は、『日本書紀』の記述の信憑性を傍証する貴重な発見といわなければならないのである。

もちろん、マスコミや一部研究者がいうように邪馬台国との関連もいえなくはなかろうが、赤色という一点のみの共通項によって、ベニバナが発見された纏向遺跡は邪馬台国であるという理屈よりも、赤色と纏向というふたつの共通項から、纏向遺跡を『日本書紀』が伝える崇神・垂仁・景行の王宮と推定するほうが、論理的に有効なように思うのだが、いかがであろう。

しかも、この遺跡からは、東海地方をはじめ、瀬戸内東部や山陰地方から搬入された土器が多く出土している。この範囲は、まさに崇神・垂仁・景行三代の時代に大和政権に服属した地域に符合する。さらにまた、柵で囲まれた建物が東西に並んでみつかってもいるが、これなども、宮名に「瑞籬（水垣）」や「珠城（玉垣）」あるいは太陽の運行とのつながりを思わせる「日代」という言葉がみえることと無関係ではなかろう。

また、景行天皇の時代に設けられた倭の屯田《みた》が、この遺跡に近接していたと思われる（岸俊男「「倭」から「ヤマト」へ」）ことからみて、狭義のヤマトの中核はこの地域だったとみてよい。ヤマトヒコの時代の王宮もおそらくこの遺跡か、その周辺にあったとみてまちがいはあるまい。

このようにみれば、おおげさな言い方かもしれないが、纏向遺跡の発見は、それまで文献でのみ知られていた初期の大和政権の王宮をあきらかにするであろうという点で、西洋考古学でのかのトロイの発掘に相当するような意義をもつものであると、わたしは考えている。さらなる発掘調査に期待したいものである。

ちなみに、文献から予想すれば、今後この遺跡からは、重複するか離れているかは別にして、しっかりした柵で囲われた三代の王宮が確認できるであろう。そして、それらのうちのすくなくともひとつでは、建物の配置は太陽の運行に沿う形、おそらくは東西方向に主軸を設定した配列であろう。ただし、これらの遺構が検出されたとしても、現在の学界の趨勢からいって、当初は卑弥呼段階と壱与段階のものだとか、『倭人伝』の城柵の記載などと関連づけて論じられるかもしれない。しかし、この遺跡からは卑弥呼の前後にあったという王位をめぐる内紛の証拠が確認されることはあるまい。纏向＝邪馬台国説はそのあたりから破綻していくようになるとわたしは予想している。

ホケノ山古墳の報道

さらに注目したいのが、纏向で築造されたホケノ山古墳と類似の墳墓の分布である。二〇〇六年八月二二日付けの『読売新聞』夕刊は、三世紀なかば築造のホケノ山古墳と同様の特徴（前方後円形の墳丘、木槨内に木棺を納める埋葬形式、画文帯神獣鏡《がもんたいしんじゅうきょう》などの副葬）をもつ墳墓が、兵庫県たつの市や加古川市、岡山県総社市、徳島県鳴門市など瀬戸内東部に分布することを報じた。例によって、邪馬台国畿内・大和説に有利な証拠として紹介され、「考古学からは、邪馬台国は大和にあるとすでに決まっている」という河上邦彦氏の談話も載せられていた。しかし、ここまで読まれた読者にはおわかりのように、この分布は四道将軍の一人、吉備津彦（『日本書紀』による）によって西方に拡大された大和政権の領域と一致しており、『記紀』の記述を裏づけるものにほかならない。このように、当事者には自覚がないかもしれないが、じつは『記紀』の記述の正しさを証明するような考古学の成果がすでにいくつも挙がっているのである。

このような事例をみれば、やはり『記紀』を無視することはできないように思えてくる。あるいは「これらの一致はあたりまえである、なぜなら邪馬台国は大和政権にほかならないのだから」という人があるとすれば、ここまで発掘成果と符合しているのに、なぜ『記紀』は大和政権の九州制圧の時期を、実年代では卑弥呼の時代とは一〇〇年もの開きがある仲哀朝のこととしたのか、その理由を述べる責任があろう。その答えを聞くまでは「邪馬台国は大和にあるとすでに決まっている」などとは、とても言えない。

やや筆がすべったが、これまで述べてきたように、崇神・垂仁両天皇のあいだに大和政権はその支配地をひろげ、とくに西方に向かっては吉備、四国さらに出雲、但馬に勢力を伸ばし、着々と九州、つまり倭国の範囲に迫っていたわけである。そして、いよいよ景行朝から大和政権が九州に存在した倭国に支配の手を伸ばすのであるが、すでに述べたように、景行朝ではその遠征は中南部九州の範囲にとどまった。北部九州すなわち倭国は、大和政権にとって最後にのこされたおそらく最大の抵抗勢力だったのである。

だが、その問題に入るまえに、検討しておかねばならないことがある。それは大和政権はどこからやってきたかという問題である。

神宝と王権

九州起源の王権

すでに述べてきたように、大和政権の首長は、当初「ヤマトヒコ」として奈良盆地東南の一角の拠点とした地域を支配し、崇神・垂仁朝での征服事業をへて、景行朝当初には、その支配地域は、西は出雲・吉備、東は角鹿《つぬが》・美濃・尾張のラインに及んでいた。では、この大和政権はそもそも奈良盆地に自生した勢力であったのだろうか。

大和政権がどのような過程をへて成立したかについて、『記紀』はともにそれが九州からの移住者、つまり神武一行によって樹立されたものと伝えている。このことについて否定的な見解が支配的であることは承知しているが、わたしはかならずしもそうとは思わない。伊都国から分かれた勢力が但馬の地域政権を樹立したと思われること、つまり、但馬の王権が九州起源であることは、大和の王権もまたそうである可能性を高めるだろう。

わたしは、このことからいわゆる神武東征については、もっと肯定的な検討を加えるべきだと思っている。そして、大和の王権が一種の征服王権だったことは、その王権のもつ性格、ひいてはそれをひきついだ日本の古代国家の性格をも規定しているのである。

じつは、九州からの渡来を主張するのは、但馬の勢力だけではない。『釈日本紀』が引用する「山城国風土記」には、山城の鴨県主《かものあがたぬし》の始祖神、賀茂の建角身命《たけつのみ》について「日向《ひむか》の曾《そ》の峯に天降り坐しし神」と記されている。このことは、鴨県主の始祖神が九州の山岳に降臨したこと、つまりはこの氏族が九州起源であることを示しているわけである。ちなみに、建角身命は熊野で神武天皇一行が苦境におちいったときに先導者となったヤタガラスのことである。したがって、鴨県主の一族は神武よりもはやく九州から移動していたのである。

これらの事例からみて、わたしは、いわゆる神武東征伝説とは本来、但馬の王権や鴨県主の場合などと同様に、たんに九州から移って来たというみずからの起源を伝えたものにすぎないと思う。けっして、全国政権となったあとで、大和の王権つまりのちの大王家がみずからの支配の正当性を強調するために作為したものとは思えない。もしそうなら、他の氏族が同じような起源説話を伝えることを許さなかっただろうからである。

　このように、地域王権のなかには、九州に起源を有するものがいくつもあったのである。このことは、王権に不可分な宝物、いわゆる神宝やレガリア（威信財）にかんする記録をみてもわかる。

神宝の献上

　大和政権は出雲と但馬をいずれも神宝を献上させるというかたちで服属させているが、このような宝物の献上は、すでにみたように、その後も北部九州諸国の事例が知られる。つまり、服属することとなった地域王権にたいして大和政権が共通して要求しているのが宝物の献上なのである。そして、それは出雲や但馬、九州諸国にかぎったことだとは思えないし、国造交替時に出雲に課された神宝の貢納でもわかるように、献上が服属時の一度だけであったとも考えられない。そのようにみれば、相当数の宝物が大和に集積されたこと、そして現在、古墳から出土する副葬品のなかには、そのようにして入手されたものもすくなからずあったことも想像にかたくない。

　ここで注意すべきが、出雲・但馬両地域の神宝の共通性である。出雲のものは鳥獣をのぞくと白玉・赤玉・青玉・横刀・鏡だったし、但馬の場合も玉と鏡と刀であった。いずれも、玉・刀剣・鏡にまとめられるもので、豊前の神夏磯媛《かみなつそひめ》が景行に献上した八握《やつか》剣・八咫《やた》鏡・八尺瓊《やさかに》、岡県主《おかあがたぬし》と伊覩《いと》県主が仲哀にそれぞれ捧げた白銅鏡・十握《とつか》剣・八尺瓊とも共通性をもっている。

さらにこれに関連して注目されるのが、大和・河内の先住勢力であるニギハヤヒの瑞宝である。『古事記』によればニギハヤヒが神武に帰順したときに天津瑞《あまつしるし》を奉ったという。『古事記』はその内容を記さないが、『先代旧事本紀《せんだいくじほんぎ》』天神本紀にニギハヤヒが天から降臨するにさいして天神から授けられたという「天璽瑞宝十種」、瀛都《おきつ》鏡・辺都《へつ》鏡・八握《やつか》剣・生玉《いくたま》・死反《しかえし》玉・足《たる》玉・道反《ちがえし》玉・蛇比礼《ひれ》・蜂比礼・品物比礼がそれに相当するであろう。結局、それらは玉・剣・鏡・布の四種にまとめられるが、玉・刀剣・鏡のセットと解することができる点で、これらも出雲や但馬の神宝や玄界灘沿岸の首長の献上品と類似するのはあきらかである。

この共通性を、西日本の地域王権は玉・刀剣・鏡を神宝としていたという分布論で説明することも可能だろうが、但馬の神宝はその地域の勢力が九州からの移動にさいして、あるいは朝鮮半島からの渡来時から持参していた神宝だとみられるので、玉・刀剣・鏡を神宝としていた地域王権は、九州に起源をもつものだとみたほうが合理的である。つまり、但馬だけではなく、出雲や大和先住勢力なども、九州から本州に移住した勢力が打ち立てた王権だったのである。このようにわたしは、ニギハヤヒを祖とする物部《もののべ》氏が九州から移住したとする鳥越憲三郎や、出雲の勢力やニギハヤヒが九州の出自だとかねてより主張してきた田中卓氏の見解を支持したい（鳥越憲三郎『大いなる邪馬台国』、田中卓『日本国家の成立』）。ただ田中氏は出雲の勢力は当初大和に入ったと解しているが、わたしは、出雲のオオクニヌシと大和のオオモノヌシを同一神とみるのは後世の習合現象と考えるので、出雲の勢力は九州からそのまま出雲に移ったものだと思う。

始祖神降臨の神話

ここでさらに注目されるのが、九州起源と思われる但馬と出雲の王権や大和先住勢力あるいは鴨県主には、始祖神が天から降臨してきたという神話が共通しているということである。但馬のアメノヒボコや大和のニギハヤヒあるいはヤタガラスについてはすでに述べたが、かつての出雲の王の後身と思われる出雲国造の始祖神、アメノホヒも天からの降臨神話をもっていたことは、『出雲国風土記』意宇《おう》郡に「天乃夫比命《あめのふひ》の御伴《おとも》に天降り来」た天津子命《あまつこ》がみえることでもあきらかである。ちなみに、この降臨神話が宮廷神話に取り入れられて、アメノホヒが天孫降臨に先立って葦原中国に遣わされたという一節となったのだろう。

日本列島の神々には、蛇などの動物そのものを神とみるものと、天から人のかたちをして降臨したものの二タイプがある。地上の蛇神が天から下りてきた人身の神であるスサノヲに退治されるという出雲の八岐大蛇《やまたのおろち》退治の神話からもうかがえるように、前者の信仰のうえに後者が及んできたとみられるが、あるいはそれは九州から本州への人々の移住と、それにともなう地域王権の成立と関連して理解できるものなのかもしれない。そして、いわゆる三種の神器といわれる玉・剣・鏡を擁し、その王の始祖に天孫降臨神話をもつ大和政権も、これらの地方王権と同様の来歴をもっているとみて、なんらおかしなことはないといえる。

神武東征

東征の行程

このように、いわゆる神武東征伝承は、大和政権の起源を考えるうえで、無視すべきものではなく、むしろ積極的に検討するにあたいするものだと思われる。では、ここで描かれた大和政権の起源はいったいどのようなものなのか。まず『記紀』に記された東征のおもな行程を記すと、つぎのようである。

『古事記』には、カムヤマトイハレヒコが兄の五瀬《いつせ》命と、天下の政のおこなう場所を求めて東に行こうとしたとして、日向《ひむか》より出発して筑紫に幸行《みゆき》したという。そして豊《とよ》国の宇《う》沙《さ》でウサツヒコ、ウサツヒメが足一騰宮《あしひとつあがりのみや》というものを作って饗応したという。そこから竺紫《つくし》の岡田宮に一年、阿岐《あき》国の多祁理《たけり》宮に七年、吉備の高島宮に八年滞在したあと、速《はや》吸門《すいのと》で倭国造の祖、サヲネツヒコの帰順をうけ、さらに浪速の渡《わたり》をへて白肩津《しらかたのつ》に停泊したという。『日本書紀』も基本的には同じで、菟狭《うさ》でウサツヒコ、ウサツヒメから一柱《ひとつはしら》騰宮《あがりのみや》を作って饗応をうけ、岡水門から安芸国の埃宮《えのみや》、吉備の高嶋宮をへて、難波碕から河内国の白肩之津に至ったとする。

このように両者は基本的には一致する点が多いが、なかには両書で順序がことなる記載があることに気づく。そのひとつが倭直《やまとのあたい》（倭国造）の祖が帰順したという速吸門である。これを『古事記』では、先に記したように吉備から難波に至る間のときとするが、『日本書紀』では、日向から宇佐に至る間のこととしている。これはおそらく、九州から畿内・大和に至る神武東征の行程とは別に倭氏によって伝えられていた氏族伝承であって、それが東征のなかでどのあたりに位置するかはよくわからなかったのだろう。

さらに奇妙なのは、岡田宮に立ち寄った記事である。日向が現在の宮崎県とすれば、そこから東に進もうとして、あえて関門海峡を西行して遠賀川河口の岡水門に立ち寄るのは、宝賀寿男《ほうがひさお》氏も指摘するように不自然といわざるをえない。おそらくこれは、神武の一行が出発した日向が、南九州の宮崎辺りではなく、岡水門よりも西に位置する北部九州の一角であったことを示すものと思われる。

北部九州の日向については、イザナギが禊《みそぎ》をして、住吉三神などを産んだという筑紫の日向の橘の小門《おど》の檍原《あわきがはら》が念頭に浮かぶが、そこは博多湾岸の香椎《かしい》あたりと思われる。このようにみれば、神武の出発地は博多湾から玄界灘の沿岸のどこかにあったのではなかろうか。『魏志倭人伝』の国々でいえば、奴国から不弥国の間あたりということになる。ここから出発して岡水門をへて関門海峡を通過し、宇佐にいったん上陸して、さらに瀬戸内海を東に進んだとすれば、つじつまがあうのである。

さて、瀬戸内海を東征して難波崎から河内湾岸に上陸した神武一行は、結局、長髄彦《ながすねひこ》(『日本書紀』、『古事記』はトミノナガスネコまたはトミヒコという)との生駒山麓、孔舎衛坂《くさえ》(日下)での戦いに敗れ、熊野から大和に入るが、そのルートが問題である。つまり『日本書紀』では、現在の熊野からヤタガラスの先導で山間を通って宇陀《うだ》に至り、そこから大和に入ったとする。そして宇陀に至ったのちのこととして、吉野の国栖《くず》、吉野首《おびと》や阿太《あだ》の鵜飼《うかい》の祖先と出会ったことを記す。それにたいして『古事記』は、熊野村からヤタガラスの先導で吉野河の河尻つまり河口に至ったというのである。これを地理の混乱とみる説もあるが、『古事記』はつづけて阿太の鵜飼、吉野首、吉野の国栖の順番でかれらの祖先と出会ったと記し、そこから宇陀に達したとするから、あきらかに紀の川に沿って逆上り、分水嶺を越えて宇陀に入ったという認識なのである。

このうち、吉野地方にまつわる伝承は、『日本書紀』と『古事記』で位置づけが異なるように、先の速吸門と同様に、吉野の国栖、吉野首や阿太の鵜飼が独自に伝えた氏族伝承で、東征の行程のなかでどこに位置づけてよいかがはっきりしなかったものとみてよい。ただ、これらの出来事が神武東征のなかでのこととすれば、『日本書紀』の構成は、いったん宇陀から吉野川を下って阿太にいたった神武一行が、また宇陀に戻ったことになってやや不自然であることはいなめない。その点では、宝賀寿男氏や小路田泰直氏が指摘するように、吉野川にそって吉野から宇陀にいたったとする『古事記』の説のほうが合理的といわざるをえない（宝賀寿男『「神武東征」の原像』、小路田泰直『奈良試論』）。

このように、『記紀』が伝える神武東征はひとつのまとまりをもつものではなく、氏族ごとに東征にまつわる伝承がすでに派生しており、それらを編纂者の判断でつなぎ合わせたものだったのである。

大和平定

このような個別の伝承のよせあつめというかたちは、神武の大和平定の戦いについてもいえる。『記紀』ともに、大和平定はニギハヤヒの帰順で終わることになっているが、それまでの戦闘についてはさまざまな伝承があったらしい。その中心は、『古事記』と『日本書紀』に共通する歌謡をともなった戦闘譚である。

まず『古事記』では、吉野から宇陀にはいった神武一行が、そこでまずエウカシ、オトウカシの兄弟と遭遇する。ここでくりひろげられるのがエウカシの謀殺である。

この戦闘にかんする歌謡が、

宇陀の高城《たかき》に　鴫罠《しぎなわ》張る　我が待つや　鴫は障《さや》らず　いすくはし　くぢら障る　前妻《こなみ》が　肴乞《なこ》はさば　立そばの　実の無けくを　こきしひゑね　後妻《うわなり》が　肴乞はさば　柃《いちさかき》　実の多けくを　こきだひゑね　ええ　しやごしや　こはいのごふぞ　ああ　しやごしやこは嘲笑《あざわら》ふぞ

というものである。この戦闘は『日本書紀』では八月乙未条に記すが、そこでもほぼひとしい。『日本書紀』ではそのあとに吉野での出来事を記しているが、宇陀に入る前のことする『古事記』の配列のほうが合理的であることはすでに述べた。

さらに宇陀から奈良盆地に入るには初瀬川にそって進む。のちの初瀬街道のルートであり、現在、近畿日本鉄道が走り、大和八木と伊勢とをむすんでいる。この初瀬川にそって現在の桜井市に位置するのが忍坂《おしさか》、それを過ぎて奈良盆地に出たあたりから天の香具山付近が磐余《いわれ》である。その北、三輪山麓から盆地東部にかけてが磯城《しき》にあたる。これらの地域

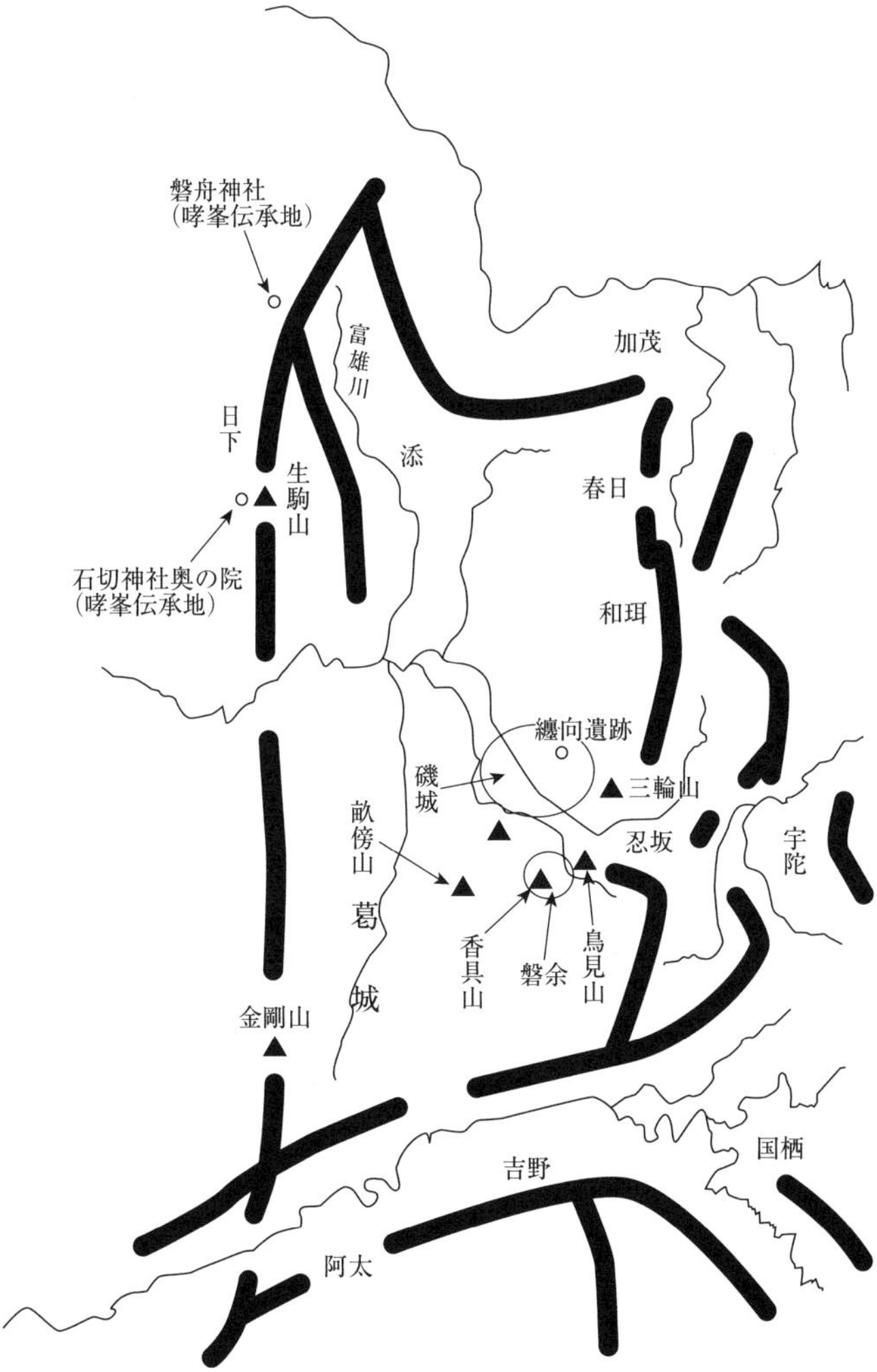

図13　神武天皇に関係する奈良盆地と周辺

を舞台として戦闘がくりひろげられた。

それについて『古事記』では、まず忍坂での八十《やそ》タケルの謀殺が、

忍坂《おさか》の大室屋《おおむろや》に　人多《さわ》に来入り居り　人多に入り居りとも　みつみつし久米の子が頭《くぶつ》椎《つい》　石椎《いしつつい》もち　撃ちてしやまむ　みつみつし久米の子らが　頭椎　石椎もち　今撃たばよし

という歌謡とともにやや詳細に記され、ついでトミヒコとの戦いで歌ったものとして、

みつみつし久米の子らが　粟生《あわう》には　韮一茎《かみらひともと》　そねが茎　そね芽　繋《つな》ぎて　撃ちてしやまむ

みつみつし久米の子らが　垣下《かきもと》に　植ゑし椒《はじかみ》　口ひびく　吾は忘れじ　撃ちてしやまむ

神風の　伊勢の海の　大石に　這《は》ひ廻《もとお》ろふ　細螺《しただみ》の　い這ひ廻り　撃ちてしやまむ

という三首の歌謡が、さらにエシキとオトシキとの戦いで、軍勢が疲れたときに歌われたものとして、

楯並《たたな》めて　伊那佐《いなさ》の山の　樹《こ》の間《ま》よも　い行きまもらひ　戦へば　吾はや飢《え》ぬ　島つ鳥　鵜養《うかい》が伴《とも》　今助《す》けに来《こ》ね

という歌謡が記されている。このように『古事記』では、トミビコやエシキ、オトシキとの戦いについては歌謡のみが記されているだけで、最後にニギハヤヒノミコトの帰順を述べるのである。

異伝の存在

いっぽう『日本書紀』では、九月戊辰に、天皇が高倉山から望むと国見丘《くにみのおか》に八十梟帥《やそたける》がおり、女坂《めさか》に女軍《めのいくさ》、男坂《おさか》に男軍、墨坂《すみさか》に焃炭《おこしずみ》が置かれ、磐余邑《いわれのむら》に兄磯城《えしき》の軍が充満していたので、彼らに対する戦闘の準備として天香山《あまのかぐやま》の土で土器を作って祭祀をおこない、まず十月癸巳朔に国見丘の八十梟帥を討ったとする。このときの歌が、

神風の　伊勢の海の　大石にや　い這ひ廻る《もとお》　細螺《しただみ》の　細螺の　吾子《あご》よ　吾子よ　細螺の　い這ひ廻り　撃ちてしやまむ　撃ちてしやまむ

である。ただし、これと同様の歌は『古事記』では二首の「みつみつし　久米の子等が」という歌とともに、トミビコを撃つ際のものとなっている。『古事記』には国見丘の戦いじたいの伝承が記されていないが、これは「神風の伊勢の海の大石にや」がいかなる状況の歌謡であるかに、いくつかの説があったことを示している。

さらに『日本書紀』はおなじく十月癸巳条で、忍坂での謀殺を国見丘の八十梟帥の余党

にたいするものとして、『古事記』とおなじく、

忍坂の大室屋に　人多《さわ》に　入り居《いお》りとも　人多に　来入り居りとも　みつみつし久米の子らが　頭椎《くぶつつ》い　石椎《いしつつ》いもち　撃ちてしやまむ

の歌を記す。

ついで十一月己巳に八十梟師を聚《あつ》めて神武に抵抗した兄磯城を破ったことをいう。ところが、このときは忍坂から女軍、墨坂から男軍を派遣して挟撃して破ったとなっており、さきに女軍と男軍が天皇に刃向かう側の軍だったのとは矛盾している。またこれは地理的にみて忍坂と墨坂の間での戦闘となり、兄磯城の軍が充満していたという磐余よりも東でのこととなる。兄磯城の討伐にかんしてすら、このような混乱がすでに伝承過程で発生していたのである。

ところで『日本書紀』では、磐余での兄磯城の討伐と国見丘の八十梟師のふたつの伝承が一体として記述されている。しかし、兄磯城との戦いは『古事記』にもみえる独立した伝えだと思われることからみて、もとは国見丘の八十梟師討伐とは異なる伝承だったのだろう。そのうち、国見丘の八十梟師討伐は、神祇祭祀の起源とからめて伝えられている。つまり、本来は、天皇による国見丘の八十梟師の望見→天香山の土の採取と土器の制作→

祭祀の挙行→国見丘の八十梟帥の討伐という独立した物語があったとみられる。これは『古事記』にはない、『日本書紀』独自の記事である。

なお『日本書紀』では忍坂での謀殺を国見丘の八十梟帥の余党にたいするものとしている。ただこの国見丘の八十梟帥がいかなるものだったかは、国見丘の所在が判然としないのでよくわからない。あるいは磯城の勢力との戦いを別の角度からみた伝承だった可能性もあるように思える。

というのは、九月戊辰条には天皇の望見とは別に、磯城邑に磯城の八十梟帥があり、高《たか》尾張邑《おはりのむら》に赤銅《あかがね》の八十梟帥がいるといった、天皇の望見とは異なった状況を弟猾《おとうかし》が奏上しており、己未年二月辛亥条の地名起源譚にも磯城の八十梟帥がみえるので、磯城で神武に刃向かった勢力についても兄磯城とは別の伝えがあったらしい。このようにみると、おそらく磯城や磐余の勢力が忍坂を越えて神武の一行と戦いを交えたことが、いくつかの伝承として伝えられていたのだろう。『日本書紀』が十一月己巳条で兄磯城が八十梟帥を聚めて戦うとしたのは、これらの諸伝承をまとめたのだと思う。このように、神武軍と磯城の勢力との戦いについては、いくつかの異伝があったらしく、『日本書紀』はそれらを含めているために複雑な記述となっているわけである。

さて『日本書紀』では、十二月丙申条の長髄彦《ながすねひこ》との戦いとニギハヤヒが長髄彦を殺して神武に帰順するのを神武天皇大和平定の最後に位置づけている。これにたいして『古事記』では、すでにみたようにエシキ・オトシキを撃つ時の歌謡が、トミビコを撃つ際の歌謡のあとに記されている。トミビコつまり長髄彦との戦闘とエシキ・オトシキとの戦闘についても、その順序は『記紀』で一定していないわけである。

ここからあきらかなように、速吸之門や吉野地方の伝承と同様に、大和平定にかんしてすら、個々の戦闘についての伝承とそれにまつわる歌謡が個別に伝えられていたのみで、まとまった物語は存在していなかったのである。もし、神武東征が後世に造作されたものであったなら、そのようなことはおこらなかったであろう。

聖なる鳥見山

これは、トミビコつまり長髄彦との戦いの場所をどこにもとめるかということとかかわっている。神武と長髄彦との戦いには、劣勢な神武軍のもとに金の鵄《とび》（金鵄《きんし》）が飛来したという有名な伝承が『日本書紀』に記されている。鳥見《とみ》の地名はそこに由来するという。その当否はおくとしても、ここから鳥見は神武と長髄彦との戦場であったことが判明するが、この鳥見の位置については従来から二つの説がある。ひとつは大和北部、奈良市の富雄《とみお》あたりとみる説である。富雄とはもともと富（トミ）が地名で、富の小川から富雄となったのである。もうひとつは狭義のヤマトの南部、現在の桜井市の鳥見とみる説である。前者なら鳥見は磯城よりさらに進んだ場所となり、後者なら宇陀から磐余や磯城にいたる途中に位置することとなる。

では、鳥見の位置はどう考えられるだろうか。それは神武の大和平定のあと、その地が鳥見の霊畤《れいじ》として大和王権の祭祀の場となっていることに注目すべきであろう。すでに述べたように、神武をはじめとする初期の天皇はヤマトヒコとして狭義のヤマトを本拠としていた。したがって、王権の祭祀場もその本拠地からさほど遠くとは思えない。ここからわたしは、鳥見は現在の桜井市に位置していたと考えるのである。

なお、長髄彦が奉祭していた神はニギハヤヒと思われるが、磯城県主の祖もニギハヤヒから出たとする『新撰姓氏録』の記載を参照すれば、兄磯城《えしき》・弟《おと》磯城などの磯城の勢力もまたニギハヤヒを祭っていたとみてよいと思う。ニギハヤヒの降臨については『先代旧事本紀』ははじめ河内の川上哮峯《たけるがみね》にくだり、さらに鳥見《とみ》の白庭《しらにわ》山に降臨したという。さらに、ヤマトの地名もニギハヤヒに由来するというが、このヤマトはおそらく狭義の奈良盆地東南部を指すのであろう。この点からも、やはり鳥見はヤマトに近い、今の桜井市あたりと考えたほうがいいと思われる。このようにみれば、大和平定は『古事記』のいうように、忍坂→鳥見→磯城と推移し、最後に物部氏の祖ニギハヤヒが帰順したというのが穏当ではなかろうか。ただし『日本書紀』は磯城の勢力はすでに忍坂で打ち破られたことになっており、最後の戦いがあった鳥見を桜井市とみる見解とは矛盾はしない。

ただ、日下の戦いで神武一行を破ったという伝えからすると、長髄彦は生駒山西麓の北部河内地方に勢力を張っていたとみるべきであってやや矛盾する。おそらく、ニギハヤヒの降臨地が二ヵ所あることからみて、この神を祭る集団が北河内一帯と奈良盆地東南部の二ヵ所に盤踞《ばんきょ》していたのだろう。あるいは、長髄彦とトミビコとは本来、各々の地域のことなる首長だったのかもしれない。とすると、トミビコとの戦いとニギハヤヒの帰順を別々に記す『古事記』の記述を参考にすれば、ニギハヤヒの帰順は河内勢力の服属を示すものとなろう。この勢力がのちの物部氏なのである。

ところで、ニギハヤヒが鳥見の白庭山に降臨したということは、大和の在来勢力にとっても鳥見が聖地であったことを示している。つまり、鳥見での戦いとは宗教的な聖地をめぐる戦闘だったのであり、その地はのちに勝者のための祭祀の場とされたのであった。ちなみに、わたしはヤマトトトビモモソヒメのトビもこの鳥見を意味し、ヤマトの鳥見の霊時で祭祀をおこなう女性を表す名前ではないかと考えている。

また、鳥見に霊時を立てる際の詔に「我が皇祖の霊《みたま》、天より降り鑒《み》て、朕《わ》が躬《み》を光《てら》し助け」たというくだりがある（四年二月甲申条）。これはまさに、金鵄《きんし》を指しているのであって、金鵄は皇祖おそらくはタカミムスビの霊とみなされていたのである。ここから古代日本で鳥を天上の神の霊だとする信仰があったことがうかがえる。『新約聖書』マタイ伝に、イエスがヨルダン川でバプテスマのヨハネから洗礼をうけた時、精霊が鳩の姿をして天からくだったという一節を髣髴《ほうふつ》とさせるが、おそらくは深いところでつながっている宗教感覚なのであろう。

ちなみに、大和の聖山としては三輪山が念頭に浮かぶが、そこの神である大物主はほんらい蛇神であって、天上から降臨したというものではない。おそらく、天つ神の信仰をもつ磯城や鳥見の勢力よりも古くから大和に居住していた先住民が祭る神だったのではなかろうか。三輪の勢力には戦闘伝承もなく、崇神天皇の時代まで祭祀も途絶えていたらしいので、彼らは神武の大和進入とそれにともなう争乱のなかで、散り散りになってしまったらしい。三輪の祭祀を復興するとき、和泉の陶村《すえむら》から大田田根子が見いだされたというのも、そのあたりの消息を語っているように思う。

さて『日本書紀』にはそれ以外に本書だけが伝える戦闘がある。それは己未年二月辛亥条に一括されている層富《そお》（添）県の波哆丘岬《はたのおかさき》の新城戸畔《にいきとべ》、和珥坂下《わにさかもと》の居勢祝《こせのはふり》、臍見《ほそみ》の長柄《ながら》丘岬の猪祝《いのはふり》、さらに葛城の高尾張邑《たかおわりのむら》の土蜘蛛の討伐である。このうち、高尾張邑の土蜘蛛とは、前年の九月戊辰条にみえる高尾張邑の赤銅《あかがね》の八十梟帥《やそたける》に相当するのだろう。ここでも、おなじ対象に複数の伝承が生じているのである。

神武伝承の古さ

このようにみれば、神武の大和平定は、奈良盆地の在来勢力との戦いにかんして、いくつもの異伝を生じながら伝承されていたことがあきらかである。さきにみた速吸之門や吉野にかんする個別的な氏族伝承の存在とともに、東征の核心部分である大和平定についてもこのような異伝が存在していたことからみれば、神武東征は『記紀』編纂時はいうにおよばず、その素材となった帝紀《ていき》・旧辞《くじ》編纂のころに一貫した構想のもとに造作されたものなどとはとうてい考えられない。ただし、東征についてひろく認められ、その根幹となる伝えは存在したであろう。そうでなければ、それにまつわる個々の氏族伝承や異伝は生まれようがない。それほど神武の東征とは有名な事件だったのである。

ちなみに、私見とは逆に、神武東征はこれらの個々の伝承を総合して構成されたものだという考えが主張されるかもしれない。しかし、そうすると、なぜ神武にまつわる軍事的な伝承が別々に伝えられたかが十分には説明できない。これらが根拠もなく造作されたのなら、なぜ神武天皇による征服という共通項があるのだろうか。これはやはり、神武による征服という事実を背景にした伝承だとみるしかあるまい。たとえば、日露戦争において、二〇三高地の激戦や旅順開城、あるいは奉天会戦や日本海会戦などが、戦争全体での位置づけは忘れられながらも、ロシアとの戦争という共通項をもってさまざまに伝えられたと想定していただきたい。後世の歴史家は、それらの個別的な記憶の背後に、ロシアとの戦争というおおきな事実のあることをみとめ、さらにそれらの記憶をつなぎあわせて、日露戦争を復元するであろう。『記紀』の編者はまさにその作業をおこなったのである。われわれはさらに彼らの作業の妥当性を問いながら、個々の伝承の背後にある事象を追究すべきである。すくなくともわたしは、神武東征について、このたとえでいえば、あたかも日露戦争は個別戦闘の伝承から造り上げられた架空の戦争だったなどというにひとしい態度をとることはできない。

さて、これらを通覧するに、神武の大和平定の時点では大和には全体を統括する勢力はまだ存在せず、宇陀、磯城、鳥見、添、葛城などに村落首長的な者を中心としたまとまりがいくつか存在していたらしい。この様相は、倭国王によって緩やかに統合されていた北部九州地域の、さらに前段階に位置づけられよう。神武はそれらを滅ぼし、あるいは恭順するものを味方にして、その支配を確立したのである。つまり、大和政権の最高首長は、倭国の卑弥呼のように「共立」によってその地位についたのではなく、当初から征服という事業によってその地位を得たのであって、その点では大和政権はまぎれもなく征服王権といってよいのである。

このように奈良盆地に侵入した神武は、伝えでは畝傍の橿原に即位したとされる。しかし、さきにみた欠史八代の天皇同様、その王宮や陵墓の所在地についてはたしかなことはわからない。むしろ彼がイワレヒコと呼ばれていることから、磐余の地を根拠としたとみるべきで、その次の王あたりから本格的にヤマト、シキの地に根拠を移したのであろう。

ちなみに、神武東征の実年代はいつごろであろうか。それはもとよりたしかなことはいえないが、第一四代仲哀天皇が四世紀中ごろの人であることからみて、王の在位年数を一代二〇年ほどとすれば、それより二百数十年前の二世紀初頭ごろがふさわしいように思われる。もしそうなら、先に推測した九州における倭国の成立時期とかさなるところがあり、小国家分立からその連合体の倭国が成立するうごきのなかで、九州から東に移る勢力があったのかもしれない。もとより推定にすぎないが、九州での倭国と畿内の大和政権は、その発端からほぼ同時進行だったとも考えられるわけである。ただ、そのたどった道筋はおおきく異なっていた。倭国では小国家の連合のもとで王が共立され、その王権は神秘的なものによって支えられていた。いっぽう大和政権では世襲王権が確立し、制度化された祭祀体系が樹立され、そのもとで周囲への征服事業がすすめられた。そして、その手はついに倭国にまで伸ばされたのである。

邪馬台国の滅亡

卑弥呼以後の倭国

その後の倭国

これまでの検討の結果から、大和政権の版図は、垂仁朝までの段階で、畿内周辺から西は出雲・吉備・伊予、東は角鹿・美濃・尾張のラインに達していた。このように、大和政権が着実に拡大しているあいだに、九州の倭国ではいかなることがおこっていたのか。

まず、『魏志倭人伝』に記されている女王国連合と狗奴《くぬ》国との抗争がある。正始四年（二四三）ごろには始まっていたと思われるこの抗争の帰趨は判然としないが、景行の遠征対象のひとつである熊国が狗奴国のことと思われるから、狗奴国が滅んだというわけではない。また倭国も卑弥呼の死後の内紛を経て、その後も女王壱与を立てて存続しており、さらに北部九州は景行の遠征では征服されずにまとまった地域として存続したのだから、狗奴国が北部九州の女王国連合を征服し、邪馬台国が滅んだなどということもありえない。つまり両者は一〇〇年後もあいかわらず併存していたのである。このようにみれば、九州地方は卑弥呼の時代以降も統一への動きはあまりみられないままであった可能性がたかいと思われる。

　このことは、『日本書紀』が記す景行朝での九州遠征をみるといっそうよくわかる。これによって景行朝のころの九州の状況、つまりは『魏志倭人伝』が記す三世紀前半以降、倭国がいかなる状況であったかをいくぶんかはあきらかにすることができる。

　景行天皇はいつごろの人であったのか。もちろん、確定的なことはいえないが、推測できないわけでもない。まず、すでに述べてきたように、景行の孫で、小碓皇子《おうすのみこ》の子にあたる仲哀の死去が三六六年ごろと考えられるので、これを基準にしてみると、仲哀の没年とその祖父である景行の治世には、どう見積もっても一〇〇年以上の開きはむつかしい。したがって、景行の治世は三世紀の半ばにさかのぼることはないと思われる。

　また、すでにみたように仲哀天皇の死去を三六六年ごろとすれば、かりに六〇歳で死去したとして、生まれたのは三〇六年となるが、天皇みずからが遠征するのはさほど老齢になってからとは思えないので、没年齢を五〇歳として、出生を三一六年とみるほうが蓋然性がたかいかもしれない。仲哀の父、小碓皇子はその父である景行よりはやくに死去したから、仲哀出生の時点はまだ景行の時代であって、ここからも、景行は三世紀後半から四世紀前期の人と見て大過ないと思う。

ちなみに、仲哀が死去した三六六年ごろとは、卑弥呼の後継者と思われる壱与とおぼしき倭の女王が晋《しん》に遣いを送ったちょうど一〇〇年後である。微妙なところだが、景行の時代は倭国では壱与のつぎの王の世代に相当するとみられる。大和政権の版図はこの時代におこなわれた征服事業でさらに拡大し、この時点で東国、九州という辺境地域に勢力がおよび、のちの古代国家の支配領域のうち北部九州を除く地域がほぼ大和政権の支配下に入ることとなるのである。なお、このような年代観に立脚するかぎり、従来から唱えられてきた有力な学説である邪馬台国東遷説が成り立ちえないことをも示しているのである。

豊国への遠征

では、景行天皇の九州遠征はどのようなものであったろうか。『日本書紀』ではまず、十二年七月条に熊襲《くまそ》が反《そむ》いたという記事があり、つづけて八月己酉条に「筑紫に幸す《いでま》」とみえ、さらに九月戊辰条以降に、天皇みずからによる具体的な遠征の記事がつづく。

それによれば、天皇が周防の娑麼《さば》、今の防府市に至り、南を望んで烟が立つのをみて賊があると判断し、武諸木《たけもろき》、菟名手《うなて》、夏花《なつはな》を派遣して偵察させたところ、神夏磯媛《かむなつそひめ》という女人がサカキに剣・鏡・瓊《に》を掛けて船で迎えて服属してきて、鼻垂《はなたり》、耳垂《みみたり》、麻剥《あさはぎ》、土折猪折《つちおりいおり》という「皇命に従わない」賊を教えた。かれらはそれぞれ、菟狭（宇佐）、御木《みけ》、高羽、緑野の川上に居たとあり、豊前の豪族であったらしい。そのうち、耳垂を首長とする御木の勢力が『魏志倭人伝』がいう投馬国ではないかとはすでに述べた。武諸木らは謀略でそれらを倒し、その後天皇が豊前の長峡《ながお》に至り行宮を建てたという。ここが豊前の京《みやこ》である。これをみると、天皇の一行は周防灘をわたって九州の東北部、豊前に上陸していることがわかる。ただ、これは『日本書紀』の記述で、『豊後国風土記』には国東《くにさき》半島を望んで、現在の大分湾岸に上陸したと伝えている。その後、十月条には碩田《おおきた》（大分）国に至って速《はや》津媛《つひめ》の帰順をうけ、直入《なおり》県の三人の土蜘蛛を滅ぼしたとある。ここまでが、のちの豊前と豊後、つまり豊国《とよのくに》での行動である。

これらの記事からみるに、当時豊国では、神夏磯媛という女王をいただく政権と、宇佐、御木、高羽、緑野や直入の勢力が対立、抗争するような状況であって、そこに大和政権が介入したことがわかる。ここで注意しなくてはならないのが、『魏志倭人伝』に「女王国の東、海を渡る千余里、また国あり、皆倭種なり」とみえることである。ここでいう女王国は邪馬台国というよりは漠然と女王の治めている地域と解したほうがよさそうだが、その東にある倭種の国とは、本州西端つまり周防や四国の住民を指しているとみてよい。とすると、豊予海峡の西側、つまり豊国の地域は三世紀前半の卑弥呼の時代には女王の治める倭国の一部であったとみてよい。

ところが、景行の遠征にさいしては、神夏磯媛がまっさきに服属し、しかも神夏磯媛とは対立する勢力が各地にいるという状況である。つまり、豊国はすでに割拠の状態であって、倭国の一部とはいえないのではなかろうか。この大分に本拠をもつ神夏磯媛とは、あるいは豊国の女王のごとき者であるかもしれないが、いずれにしてもこの地域を彼女だけでは統制できないのである。このようにみれば、豊国はすでに北部九州のまとまりから離脱していたのではなかろうか。

襲国・熊国の平定

『日本書紀』はさらに、十一月条に景行らの一行が日向国に到って高屋宮を建て、十二月丁酉条に熊襲梟帥《くまそたける》を倒した話を記す。ところが、ここではじめ襲国《そのくに》の厚鹿文《あつかや》と迮鹿文《さかや》の名が出てくるのに、やがて天皇が熊襲梟帥の娘を籠絡して父親を殺させた話に変わっており、二種類の伝承をつなぎ合わせた感がつよい。ほんらい別々の地域である熊と襲をひとつにした熊襲という呼称はあたらしいものと思われるから、熊襲梟帥の娘にまつわる話は後世のもので、もともとは襲国の厚鹿文と迮鹿文を打倒したか、あるいは一方が誅殺され、一方が帰順したというような話だったのであろう。いずれにせよ、それが熊襲のうちの襲国の平定である。

その後、現地の佳人、御刀媛《みはかし》を召した話（十三年五月条）や子湯県《こゆ》に行幸して思邦歌《くにしのびうた》を歌った逸話を挟んで、十八年三月条に「京に向《いでま》さむとして、筑紫国を巡狩《めぐりみそなわ》」して、夷守《ひなもり》に到ったと記す。現在の宮崎県小林市付近という。ついで熊県《くまのあがた》に到って、兄《え》熊は服属したが反抗した弟《おと》熊を誅殺（四月甲子）した。熊県は現在の人吉市付近であろう。『魏志倭人伝』の記事との対応からみて、この「熊県」とは狗奴国のこととみてよい。つまり、この段階で、狗奴国は大和政権に服属したのである。

さらに天皇らは、葦北から火国に到り（五月朔条）、高来県《たかく》から玉杵名邑《たまきなのむら》に渡って同地の土蜘蛛を殺し（六月癸亥）、阿蘇に到り、二人の神に会ったという（丙子条）。ついでに筑紫後国《つくしのくにみちのしりくに》の御木に到って高田行宮に居し（七月甲午）、八女県《やめ》に到り（丁酉条）、最後に的邑《いくは》に到ったことを記す（八月）。これらは一見詳しい行程のようだが、火国からどのように対岸の高来県に移ったかわからない。したがって、この行幸は後世に造作されたと

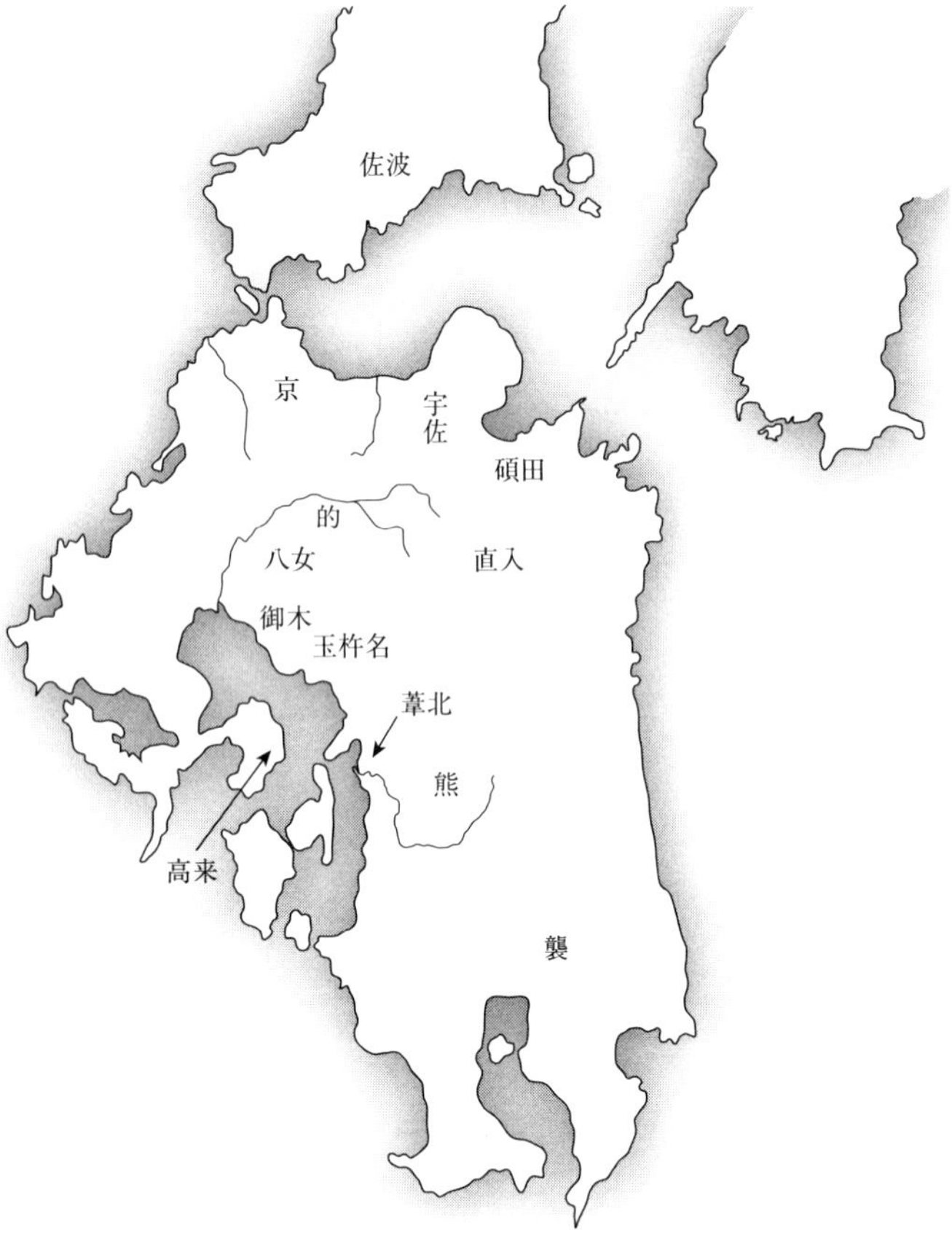

図14　景行天皇遠征関係地図

いうよりも、伝え残った伝承をつなぎ合わせたというほうがふさわしいものなのである。熊県、つまり狗奴国からさらに北に位置するこれらの地域は、狗奴国が「女王の境界の尽くる所」のさらに南にあったという『倭人伝』の記載からみると、邪馬台国から南、狗奴国との間にひろがり、かつては女王の支配地に含まれていた地域であったと推測できる。そしておそらくかつての倭国と狗奴国との抗争は、この地域で繰り広げられたのであろう。この地帯が、さきにみた豊国のようにすでに邪馬台国のもとをはなれていたかどうかはあきらかではないが、いずれにせよ、倭国はその南部一帯を大和政権に奪われてしまったわけである。

ところで、『日本書紀』は天皇の行程について明確さを欠き、とくに、十八年八月条に的邑に到ったことを記したあと、唐突に十九年九月癸卯条に「天皇、日向より至りたまふ」とあって、その帰還がどのような行程であったかわからない。ここで注目されるのが、「倭国と邪馬台国」の章でも触れた『豊後国風土記』日田郡の記事である。それによれば、熊襲征伐のあと生葉（=的）行宮を発して日田郡に至ったという。つまり天皇の一行は筑後川の上流、日田川にそって筑後から豊後に抜けたのである。さらに『肥前国風土記』彼杵《その》郡《き》には、天皇が熊襲を滅ぼして凱旋し「豊前国宇佐海浜行宮」に在《いま》したと記す。とすれば、天皇一行はさらに豊前に進んだことになる。この「宇佐海浜行宮」から海岸を北西に進めば豊前国京《みやこ》郡に達する。わたしは『日本書紀』景行十八年三月条に「京に向さむとして、筑紫国を巡狩」したとあるのは、ほんらい豊前国京郡をめざして筑後地方を進んだことを示す文章だったたと思う。

これらを考え合わせると、景行天皇の九州遠征は九州の中南部で展開されたものであって、その帰路からみても北部九州、福岡平野に侵入することができないでいる。想像にぞくするが、日田川をさかのぼって豊後に移動したのも、倭国の本拠地である筑後・山門の邪馬台国を前にして、案外敗走していたのかもしれない。いずれにせよ、景行天皇とその遠征軍は関門海峡を通過することも、南から筑後平野や福岡平野へ侵入することもできなかったのである。

もちろん、この遠征によって、大和政権は倭国の東部と南部を攻略することに成功したことはたしかで、とくに注目すべきが、豊前国の宇佐と京には各々、赤塚古墳と石塚山古墳という、九州最古の前方後円墳が存在していることである。この地域が、九州での大和政権の橋頭堡の役割を果たしたのであろう。だが、もっとも重要なことは、このとき、倭国はその東部と南部を大和政権に侵略されながらも、『魏志倭人伝』に国名がみえるその中心部は、大和政権に屈しなかったことなのである。

では、なぜ倭国の中枢部は大和政権にたいしてつよく抵抗を示せたのであろうか。このことについてたしかな答えを出すのは至難だが、わたしがひとつ感じているのが、朝鮮、とくに新羅との関係である。

倭国と新羅

『三国史記』新羅本紀には、そのすべてが信用できるかは検討の余地があるとはいえ、西暦前から新羅に侵犯する倭人が記されている。彼らは北部九州の倭人とみてよい。ところが、このような対立関係が四世紀になると一変する。『三国史記』新羅本紀によれば、新羅の基臨尼師今《きりんにしきん》三年、三〇〇年に「倭国と交聘《こうへい》す」とみえ、さらに訖解《きっかい》尼師今三年、三一二年に「倭国王、使を遣わし、子の為に婚を求む。阿湌急利《あさんきゅうり》の女《むすめ》を以て之《これ》に送る」とあり、この時期、倭国と新羅が友好関係にあったことがわかる。この友好関係は、訖解尼師今三十五年、三四四年に、倭国が婚を請うたときに、女が出嫁したとして新羅が辞退したことから悪化し、翌年の訖解尼師今三十六年、三四五年にはついに「倭王、移書して交を絶つ」とあって、倭国と新羅は断交状態となった。そのため両国は交戦状態となり、翌三十七年には倭国の兵が金城を囲んだが、食料がつきて敗走したという。

このように、三〇〇年から四〇年以上ものあいだ、倭国は新羅と友好関係にあった。景行天皇の遠征の実年代が確定しないから、たしかなことはいえないが、すくなくとも、倭国が大和政権に対抗できたのは、この新羅との同盟があったのではないかと思われるのである。そして、新羅との友好関係が破綻したあと、倭国は大和政権の遠征軍を迎えることとなる。今回、軍をひきいてやって来たのはやはり大和政権の王タラシナカツヒコ、そしてその后オキナガタラシヒメ、のちに仲哀天皇、神功皇后と呼ばれる人物であった。

地方支配の拡充

北部九州つまり倭国に属していたことが確実な地域が大和王権に服属したのは、成務をついだ仲哀からその後の彼の后、神功の時期であって、

国・県の設置

大和政権が北部九州の制圧に至るには時間がかかった。北部九州の倭国が最終的に服属するまでに、大和政権側は地方支配を制度的に整備している。それが、成務朝での国と県の設置である。

『日本書紀』には、成務四年二月朔条に、天皇の詔として「国郡に長《おさ》を立《お》き、県邑《あがたむら》に首《かみ》を置《た》てむ。即ち当国の幹了した者を取りて、其の国郡の首長に任《ま》けよ」とあり、同五年九月条に「諸国に令して、国郡に造長《みやつこおさ》を立て、県邑に稲置《いなぎ》を置《た》つ。並に盾矛を賜ひて表と

す。則《すなわ》ち山河を隔《さか》ひて国県を分ち、阡《たたさのみち》陌《よこさのみち》に随ひて、邑里《むら》を定む」とみえる。国郡と県邑を対照させる書き方だが、同じことを『古事記』では、「大国《おおくに》小国《おくに》の国造《くにのみやつこ》を定めたまひ、また国々の堺、また大県小県の県主《あがたぬし》を定めたまひき」と記しているから、じっさいには国と県の境界を定め、国に造長つまり国造を、県に稲置・県主を置いたということであろう。このことは、当時ではとくに重要な施策とみなされていたらしく、『古事記』の序文にも「境を定め邦《くに》を開きて、近つ淡海に制《おさ》め」と特筆している。

　これほど重要なものと思われていたこの時期の地方支配の整備も、現在では史実でないという見方が多い。とくに国造については、その成立を六世紀ごろまで下げる見解が一般的だが、わたしはそれらの論拠はさほど強固なものではなく、成務朝に成立したとみて不都合はないと思う。

　考えてみれば、この段階で大和政権は九州北部をのぞけば、九州中南部から関東にかけての地域をほとんど支配しているのであって、この版図は大化改新のあとに拡大されるまで基本的には変化がない。したがって、大和政権の版図が飛躍的に拡大し、のちの古代国家の領域をほぼ統一した時期に、地方支配のあり方が整備され、国県制が施行されたとしてもけっして不自然ではない。むしろ、このようにみてはじめて、版図の拡大と地方支配の確立が整合的に理解できると思われる。

大和政権では、出雲の出雲臣の例でもわかるように、服属した地方の首長はその地位を保証され、地域支配を委ねられたらしい。出雲氏の場合は国造となったが、多くの場合、服属した地方豪族は県主としてそれまでの支配を認められたと思われる。このことは、神武天皇に帰順した奈良盆地の旧勢力が、磯城県主や猛田《たけだ》県主となっていることからもあきらかであろう。そして『延喜式』の祝詞《のりと》に大和の六つの御県《みあがた》から天皇に「甘菜《あまな》・辛菜《からな》」が献上されていることが記されていることからみて、県主は旧領の支配を認められるかわりに天皇へ食料などのさまざまな品物（供御）を貢上していたのである。

王族封建

しかし、すべての地方首長が大和政権に服属したわけではないし、武力征服もおこなわれた。それらの地域はどのようにして統治されたのだろうか。その統治方法として注目されるのが、王族封建という方法である。

『日本書紀』景行四年二月甲子条に、天皇の「七十余の子は皆国郡に封させて、各《おのおの》其の国に如《ゆ》かしむ。故《かれ》、今の時に当りて、諸国の別《わけ》と謂《い》へるは、即ち其の別王《わけのみこ》の苗裔《みあなすえ》なり」とみえ、景行の諸皇子の地方分封を伝えている。それによれば、天皇の八〇人にのぼる子のうち、日本武尊とワカタラシヒコ（のちの成務天皇）、五百城入彦《いおきいりひこ》皇子以外の「七十余の子は、皆国郡に封させて、各其の国に如かしむ。故、今の時に当りて、諸国の別と謂へるは、即ち其の別王の苗裔なり」というのである。

　天皇の子ども七〇人を国郡に封じたなど容易に信じがたいが、景行朝に王族が地方に派遣された可能性は、先にあげた景行紀四十年条の大碓《おおうす》命を美濃に封じた記事や、同じく景行紀五十五年条の彦狭嶋《ひこさしま》王を「東山道の十五国の都督《かみ》」に任命した記事、彦狭嶋王が亡くなったのでその子の御諸別《みもろわけ》王に東国を治めさせたという翌五十六年条の記事からみて否定できない。

　じつは、王族による統治は、畿内やその周辺ではそれ以前からおこなわれていた。すでに四道将軍を論じたところで述べたが、たとえば、丹波へ遣わされたという丹波道主《たにわのちぬし》王は丹波の川上之摩須郎女《ますのいらつめ》を娶り、ヒバスヒメをはじめ五人の娘を生んだが、彼女らが丹波から召されて垂仁の后となったというから、丹波道主王が丹波に土着していたことはあきらかである。また吉備氏も、このとき西道に遣わされた若武吉備津日子の子孫である。そのような例はほかにもあり、垂仁紀三十五年九月条には垂仁の皇子、五十瓊敷《いにしき》命を河内国に遣わして池を作らせ、三十九年十月条にはその五十瓊敷命が茅渟《ちぬ》の菟砥川上《うとのかわかみ》宮に居て千口の剣を作ったとみえ、『新撰姓氏録』にも垂仁の皇子である息速別《おきはやわけ》命が伊賀に封ぜられたという記事がみえる。さらに同じく垂仁の皇子である石衝別王《いわつくわけ》は『古事記』では羽咋君《はくい》、三尾君《みお》の祖とされ、『上宮記』が引用したという継体天皇関係の系譜では、継体の母、振姫《ふるひめ》はその子孫である。振姫の出身氏族は越前の三国に根拠地をもっていたから、石衝別の後裔は近江から北陸にかけて分布していたのである。ここからも、この時期の地方支配の一端がうかがえる。

景行の皇子たちの地方派遣は、かかる統治方法を全国的に拡大したということだが、また、皇子の地方分封が景行紀に記されているのは、かれらが景行の子どもたちだったからで、このことが景行朝のみの出来事だとは即断できないともいえる。分封された諸皇子は成務の兄弟たちである。年齢のこともあるが、皇子の地方分封は景行から成務朝にかけてであったかもしれないし、あるいは成務朝での国県制の成立と不可分にむすびつく処置であった可能性も捨てきれない。

祖先伝承の信憑性

従来、このような系譜については疑問視される向きがつよかった。しかし、土師氏《はじ》や三宅氏《みやけ》が出雲や但馬から出ていることを主張していることからみても、豪族たちがその出自を大王や王族に仮託する必要があったのかは疑問である。わたしは、大和政権下の諸豪族は、ちょうど江戸時代の大名に親藩・譜代・外様があったように、その出自によっていくつかの類型があったと思う。たとえば大伴氏などは神武東征以来の臣下であって、いわば三河以来の譜代に相当するとみてよい。さしずめ土師氏や三宅氏などは外様の有力大名であろう。そしてそのもっとも強大なのが物部氏だったのである。それにたいして、さきにみた吉備氏などは有力な親藩であろう。大王や王族を祖とする氏族を疑うということは、いわば江戸時代に親藩大名がいなかったといっているようなものである。ちなみに、吉備氏などがそうだが、中央に対して反抗したことは、その出自が王族であったことの反証にはならない。御三家の尾張大納言、徳川宗春《むねはる》が将軍・吉宗に反抗したことなどを想起されるがよい。

そもそも、下剋上を経た戦国時代ならばいざ知らず、当時の権力中枢にある一族と祖先を同じくするとはそう軽々に主張できるわけがあるまい。しかも、稲荷山古墳出土の鉄剣銘でもあきらかなように、血統や系譜関係は古代社会ではすこぶる重視されていた。もちろん、それさえも事実でなく、鉄剣銘でもとくに前半は後に作為されたといわれればそれまでだが、それはたとえば、江戸時代中ごろに外様大名がじつは徳川家と出自が同じだったと主張したり、昭和にはいって、かつての明治の元勲のみならず、地方名望家などが自らの祖先が皇室の出だと言っているようなものである。ありえそうもない話ではないか。

後世のことだが、藤原不比等から三〇〇年にして、中央、地方をつうじて官人の多くは藤原氏と王氏つまり天皇家につながる人々で占められた。つまり、一、二の氏が支配層で多数を占めるにいたることはありえないことではないのである。崇神天皇の時代を三世紀中ごろとして、この後三〇〇年といえば欽明天皇の時代に相当する。そのころ中央、地方に大王から別れた王族の子孫が広範に分布していても、いっこうにおかしくはないではないか。これからは、文献の伝える氏族の出自や系譜を尊重して、古代国家の成立やその支配のあり方を論じるべきであると痛切に感じる。

古墳と鏡

ちなみに、各地に残る前方後円墳をはじめとする古墳は、このような大和政権の地方支配、すなわち、この時期に確立した国県制という地方制度の痕跡をいまにいたるまで地上に印しているわけである。個々に具体的な考察が必要なのはいうまでもないが、大雑把にいって、いわゆる前期古墳の分布域は、三世紀後半から四世紀半ばにかけての大和政権の列島統一事業の結果にほかならない。いわゆる三角縁神獣《さんかくぶちしんじゅう》鏡《きょう》の分布もその結果とみるべきであろう。ところが、世間では三角縁神獣鏡の分布をもって、大和政権による分配とみなし、それをもって邪馬台国大和説の有力な傍証とされている。しかし、ことはそう簡単ではない。

出雲の加茂岩倉《かもいわくら》遺跡で三九個の銅鐸が発見され、その兄弟鐸が畿内をはじめとする諸地域から出土しているという。鏡と同様の論理でいけば、これらは出雲から日本各地に分配された結果だということになろう。しかし、そのような主張はあまり聞かれない。それは銅鐸の鋳型が畿内などから出土しているため、その製作地が出雲だとはいえないからであろう。この事例からもあきらかなように、分布上、ある地域に多数の遺物が集中し、それとつながる物が各地から分散して出土しているとしても、かならずしも一地域からの分配とは断定できないということである。まして、すでにみたように、文献上、地方の王権が所有していた神宝の内容は鏡をはじめ刀剣や玉が中心であり、それらが大和への服属にともなって大和へと集中していることからみて、現在の三角縁神獣鏡の出土状況は、単純に大和から地方への分配とはいえない（横田健一「日本古代における鏡の移動」）。景初三年や正始元年の銘文からみて、一部の三角縁神獣鏡は魏から倭国に贈られたものと思われるが（出雲・神原《かんばら》神社古墳出土鏡など）、いずれが舶載で、いずれが国内での模倣かは、三角縁神獣鏡ではないが景初四年鏡の出現により予断をゆるさないし、複製もどこでおこなわれたかは依然不明である。大和による収奪、大和ないし他の地域での複製、さらにそれらをふくめての分配、また交易という手段も想定できるわけで、現在われわれがみている鏡の分布は、それらのさまざまな流通の結果なのである。

ところで、三角縁神獣鏡の分布を、文献にもとづいて大和による地方からの収奪の結果とはみず、大和からの分配だとみる見解の背後には、大和の王権と地方豪族との関係についてのある予断がよこたわっているようにみえる。それが大和政権が首長層の連合体であるという見解である。しかし、わたしはこの時期の政権が各地の首長の連合体だとはどうしても思えない。文献からうかがうかぎり、大和政権の軍事的征服によって達成されたこの時代の地方支配は、中央集権的な、ある意味、専制的なものだったとしか考えられない。大和政権を首長の連合体とみる見解は、つまるところ、氏族の出自など国内文献が伝える情報を否定したうえで成立するものであるが、ここまで論じてきたように、わたしはそれにつよい異和感をおぼえるのである。

図15　三角縁神獣鏡（神原神社古墳）

倭国の滅亡

さて、このように大和政権は国県制を施行して地方支配をととのえ、そのあとに仲哀による北部九州遠征がおこなわれた。つまり、このときの九州遠征は大和政権による統一事業のいわば締めくくりだったのである。ちなみに、ヤマトタケルの子である仲哀が即位して、成務の子に王位が継承されなかったことは、いろいろ考えられようが、もともとヤマトタケルの系統に王位を継がせようとしていたのであって、成務はいわば中継ぎであったと見てよいであろう。

仲哀天皇の戦略

では以下、この仲哀天皇の時代における大和政権の対倭国の戦略を検討してみよう。仲哀紀をみれば、この天皇の事業は九州遠征一色であったかのようであるが、大和政権は対倭国の戦いに相当の準備をしていたように思われる。そのひとつに王宮の問題がある。

仲哀の本来の王宮がどこにあったのかはよくわからない。前代の成務の王宮については『日本書紀』は記さないが、『古事記』は「近つ淡海《おうみ》の志賀の高穴穂宮《たかあなほ》」と明記している。景行は近江の高穴穂宮で亡くなったというので、晩年の景行は纒向から近江に王宮を移していたらしい。成務もひきつづいてその宮に居住したのである。仲哀もまたこの場所を王宮としたとみるべきだと思う。『日本書紀』によれば天皇は角鹿（敦賀）に行宮を建てたというが、行宮というからには朝廷の本拠はひきつづき近江の高穴穂宮であったとみなくてはならないからである。ちなみに、纒向から近江への王宮の移動は、纒向遺跡が突然消滅するという考古学者の指摘とも符合するのである。

このように、晩年の景行から成務、仲哀が近江の高穴穂宮を王宮としたことは、おそらく琵琶湖の水運を通じての北陸や東国への交通が念頭にあったのであろう。その場合、とくに敦賀との結びつきが注目される。ツヌガアラシトの伝説にもあるように、長門～出雲～敦賀は水運でむすばれていた。近江に王宮を営んだのは、敦賀との連絡を密にし、すすんで日本海航路を掌握して、北部九州への進出をもくろんだものである可能性がたかいと思う。

じじつ、仲哀天皇は角鹿に行宮を建て、后のオキナガタラシヒメをともなって、その地に赴いている。ところが、その後天皇はその地に后を置いたまま、みずからは紀伊に赴き、徳勒津《ところつ》宮に居《ましま》したという。『日本書紀』はそのときに「熊襲」が反乱したという情報を得て、天皇は紀伊から渡航し、敦賀に滞在している后に出兵をうながした。穴門《あなと》で合流しようというのである。しかし、これがおそらく予定の行動であったことは、天皇が徳勒津という港に居たことからもいえよう。つまり、仲哀のとった戦略は、瀬戸内海と日本海の両ルートから北部九州を攻略しようとするものだったのである。

遠征軍の構成

このときの遠征軍の構成はいかなるものであったろうか。『日本書紀』には、舵取りとして倭国菟田《うだ》の人伊賀彦《いがひこ》や、大夫として武内宿禰《たけのうちのすくね》、中《なか》臣烏賊津《とみのいかつ》、大三輪大友主《おおみわのおおともぬし》、物部胆咋《いくい》、大伴武以《たけもつ》の四人、さらに吉備臣の祖鴨別《かもわけ》、依網吾《よさみのあ》彦《びこ》男垂見《たるみ》、津守連《つもりのむらじ》の祖田裳見《たもみ》宿禰の名がみえるが、ここで遠征の中心となるのは、事実上の執政である武内宿禰を筆頭に、中臣烏賊津、大三輪大友主、物部胆咋、大伴武以ら四大夫であろう。このうち中臣烏賊津、大三輪大友主は祭祀をつかさどった氏族の一員である。じじつその後の展開でも、中臣烏賊津は神功の神がかりの場面で審神者として登場している。それに対して、物部胆咋、大伴武以は軍事関係の氏族である。つまり、祭祀と軍事が一体となった遠征であることがわかる。そして、それらが各々二人ずつなのは、遠征軍が瀬戸内と日本海の二方面からのものであったことと対応していると思われる。どれがどちらの軍であったかはもとより判然としないが、神功の神がかりに、武内宿禰と中臣烏賊津がかかわっていることなどから、日本海ルートは神功と武内宿禰、中臣烏賊津を中心とした編成だったのではなかろうか。そして、物部が大王の親衛軍の性格がつよいことを考慮すると、物部胆咋は大三輪大友主とともに天皇の率いる瀬戸内ルートに属し、日本海ルートには大伴武以が属していた可能性がたかいように思う。ただし、大三輪大友主は垂仁紀にもみえる人物で、年代的にみていずれかに誤伝があるのかもしれない。

ちなみに、武内宿禰は孝元天皇（オホヤマトネコフトニ）の子である彦太忍《ひこふとおしのまこと》信命の孫（『日本書紀』）または子（『古事記』）にあたるが、成務から仁徳までの四代に仕えたとされている人物で、その実在が疑問視されているのは周知のことであろう。しかし、わたしはかならずしもそうとはいえないと思う。

まず彦太忍信の母、イカガシコメは夫の孝元の死後、継子である開化の后となって、のちの崇神を生んでいるので、年齢的には開化と大きく離れてはいなかった可能性がある。とすると、彦太忍信命と崇神もさほど大きな年齢差はなかったかもしれない。このようにみれば、『日本書紀』のいうように武内宿禰が彦太忍信命の孫であれば、崇神の曾孫にあたる成務と同日に生まれたという『日本書紀』の記述もあながち無理なことではないとも感じられる。

成務の生年はもとよりあきらかではないが、仲哀の没年が三六六年ごろとすれば、仲哀の叔父にあたる成務は四世紀前半に活躍したとみて大過なかろう。武内宿禰が仁徳まで仕えたというのも、仁徳の即位が四一五年ころとすれば、一〇〇歳前後のまれにみる長寿を保ったとしたら、ありえない話ではない。仁徳は武内宿禰の子、平群木菟《へぐりのつく》と同じ日に生まれたという（『日本書紀』）。かりに仁徳が三八〇年ごろの生まれで、武内宿禰がそのころ七〇歳程度だとすれば、子が生まれても不思議ではない。四世紀の早い時期に生まれ、五世紀のはじめ仁徳天皇治世の初期に一〇〇歳をいくらか超えるくらいの長寿をまっとうして亡くなったのであろう。大三輪大友主も同様に長寿だったとすれば、仲哀に同行することもありえなくもないかもしれない。

さて、武内宿禰と四大夫以外の編成はよくわからないが、吉備臣の祖鴨別が瀬戸内ルートに属したことはたしかであろう。天皇が紀伊から出発しているから、紀伊の水軍が動員されたのは確実だが、さらに吉備の兵も動員されたのである。その水軍には、内陸の倭国菟田の人、伊賀彦が舵取《かじと》りとされているように、かなり大規模な動員をかけたものだったのであろう。さらに、津守連の祖田裳見《たもみ》宿禰についても、のちの住吉神社が田裳見宿禰の居所に建立されたという伝承からみて、大坂湾岸に勢力をもっていたとみてよかろう。

　また、私見では神功紀の後半にみえる対百済外交記事がじつは仲哀の死去に接続するものと考えるので、この対百済外交は九州の倭国を滅ぼした直後の神功らがおこなったものなのであり、そこに登場する人物はそのまま大和政権が派遣した遠征軍の構成員とみなせると思う。そこに出て来るのは、斯摩《しま》宿禰、千熊《ちくま》長彦、荒田別《あらたわけ》、鹿我別《かがわけ》らであるが、そのうち千熊長彦が、神功紀四十七年条に「一《ある》に云ふ、武蔵国の人」と注が記され、同じく神功紀四十九年三月条に朝鮮出兵の将軍とみえる荒田別・鹿我別が、応神紀では「上毛野君の祖荒田別・巫別《かんなぎわけ》」として出てくるように、かれらは東国の出身だったらしい。さらに『常陸国風土記』（行方《なめかた》郡、田里《たのさと》）には、神功朝のこととして「此の地に人あり。名を古都《こつ》比古《ひこ》といひき。三度《みたび》、韓国《からくに》に遣はされしかば、この功労を重みして田を賜ひき」とみえる。これらをみると、仲哀による九州への軍事行動に東国人が動員されているのはあきらかである。つまりこの遠征は、西日本のみならず東国からも兵を動員した、いわば大和政権の総力をあげた遠征だったのである。

それはまた前代までに整備した地方支配機構を活用したものでもあったはずである。そこで注目されるのが、荒田別・鹿我別が上毛野君の祖だということである。これはおそらく国造クラスの人物であって、のちの国造軍につながる軍事動員がなされている可能性がある。ただ、上毛野君は先にみたように豊城命の子孫で中央から封じられた支配者であって、国造クラスの者が動員されていてもたんに地方豪族が従軍したということではない。国造が地方に根づいて地方豪族となってしまった段階ならいざ知らず、初期の国造は、王族などの中央起源の支配者であって、彼らを通じて大和政権は地方に支配を貫徹し、人的・物的な動員をおこなったのだろう。だから、わたしは国造やのちの郡司クラスの地方豪族を、在地から生い育って来た首長と簡単には見做《みな》せないのである。さらにいえば、征服戦争が遂行されるなかで整備された国造制は、本質として軍事動員を目的としたものではなかったかとさえわたしは考えるのである。

近江の留守政府

このように、仲哀による九州への軍事行動はかなり大規模なものだったらしいが、それでも朝廷あげて九州への遠征に参加したわけではなかろう。この時期、大和政権の版図は列島の大部分に及んでおり、その統治もおろそかにするわけにはいかないはずである。また、さきにみたように大和政権の大王の最重要な役割は神祇祭祀なのであって、それもまた通常どおりおこなわれなくてはならない。このようにみれば、仲哀の遠征中、内政や祭祀を代行する留守政府が当然ながら存在したはずである。

この時期、仲哀の朝廷とはいかなるものであったのか。まず、仲哀と同世代の王族についてみてみよう。景行紀の記述を信用すれば、景行天皇の諸皇子のうち大半は地方に封じられ、中央に残ったのは、日本武尊とワカタラシヒコ（のちの成務天皇）、五百城入彦皇子《いおきのいりひこ》の三人であったというから、必然的にそれは彼らの子どもたちということになる。ヤマトタケルの子女には仲哀以外に、ワカタケル王、イナヨリワケ王、タケカヒコ王、アシカガミ王、オキナガタワケ王がいたという（『古事記』）。また、成務天皇の子女としては『古事記』にワカヌケ王がひとり伝えられている。つぎに五百城入彦皇子の子女については詳細はわからないが、応神天皇の妃の父となるホムダノマワカ王は彼の子である。

このようにみると、仲哀の周囲にいた王族としては、彼の兄弟にあたるヤマトタケルの諸皇子、五百城入彦皇子とその子のホムダノマワカ王、成務の子であるワカヌケ王が考えられる。ただし、五百城入彦皇子については在世していたかどうかは不明である。

つづいて、仲哀の子どもたちがいる。まず『日本書紀』には、大中姫を母とするカゴサカ・オシクマの両皇子と、来熊田造《くくまた》の祖、大酒主《おおさかぬし》の娘という弟媛を母とする誉屋別《ほむやわけ》皇子がいたとする。このうち、誉屋別皇子は『古事記』では品夜和気命と表記され、神功皇后の子とされている。そうとすれば応神の兄ということになろう。このうちカゴサカ・オシクマの両皇子は、のちに九州から凱旋する神功の一行と戦って敗れるから、留守政府の中心メンバーだったことは確実である。

このカゴサカ・オシクマ王と神功との戦いのさいに、オシクマ側についた人物として、犬上君の祖、倉見別《くらみわけ》と吉師《きし》の祖、五十狭茅宿禰《いさちのすくね》、さらに葛野城首《かどののきおびと》の祖、熊之凝《くまのこり》がみえる。このうち倉見別については、『古事記』にイナヨリワケ王が犬上君と建部君の祖とあるから、おそらくその子に相当するとみられる。イナヨリワケ王あるいは倉見別のころに近江東部に土着していたのかもしれない。葛野城首の葛野が山背北部の葛野だと思われることからみても、近江から山背北部、つまり王宮所在地に近い地域の勢力が、留守政府を構成していたとはいえるかもしれない。

ちなみに、この時期のオキナガタラシヒメの地位については問題がある。仲哀の后については、オキナガタラシヒメ以外に大江王の娘である大中姫と、来熊田造の祖、大酒主の娘という弟媛が伝わっている（『日本書紀』）が、その出自からみて、景行天皇の孫にあたる大中姫のほうが有力なことはうごかない（塚口義信「佐紀盾列古墳群とその被葬者たち」）。『古事記』は大后、『日本書紀』は皇后と麗々しく書くが、これは応神の即位を正当化するための作為である可能性がつよい。もちろん、大中姫がはやくに亡くなっていたことも考えられるが、それでも大王位の継承者としてカゴサカ・オシクマ王が有利なのはたしかであろう。だからこそ、彼らは留守政府にとどまったのである。

仲哀天皇の遠征と死

さて、話を仲哀の遠征にもどそう。『日本書紀』は、天皇の一行は穴門《あなと》の豊浦《とゆら》にいたったというが、その経過についてはもうすこし検討する余地がある。つまり、崗《おか》県主の祖、熊鰐《くまわに》が周防の沙麼《さば》に、また伊覩《いと》県主の祖、五十迹手《いとで》が穴門の引嶋に、それぞれ天皇を迎え、白銅鏡《まそ》、十握剣《とつかのつるぎ》、八尺瓊《やさかに》を捧げて帰順したとあるが（八年正月壬午）、これが同時におこったとは思えない。まず、豊浦に入ったあとで、熊鰐が周防の沙麼に天皇を出迎えるのはやや不自然である。これは、瀬戸内海を進んできた天皇の一行を周防灘に迎えたということであろう。その後、天皇は熊鰐の先導で岡水門にいたった。岡水門付近を抑えていた豪族の帰順によって、天皇は関門海峡を通過することができたのである。さらに熊鰐は皇后の一行も迎え、こちらは洞海湾から岡水門に入ったという。

そうすると、岡にいたったあとで、天皇の一行を伊覩県主の祖、五十迹手が穴門の引嶋に迎えたというのも、やや不自然な感がする。あるいは日本海をすすんできた后の一行が洞海湾に入る前に出迎えたのかもしれない。この伊覩県主の祖、五十迹手が伊都国王であり、同時に一大率であったらしいことはすでに述べた。つまり、遠征軍は玄界灘一帯を支配する豪族の帰順を得たのであって、おそらくはそれを踏まえ、天皇は進んで儺県《なのあがた》（いまの博多）に到り橿日宮《かしい》（香椎）に居した。かつて景行天皇の遠征時には果たせなかった北部九州への進駐に成功したのである。いよいよ本格的な征服戦争のはじまりである。

『日本書紀』の八年九月己卯条によれば、群臣に熊襲討伐を議せしめた。熊襲といっているが、じっさいは北部九州内陸の邪馬台国を中心とする地域のことである。ところがその時、神が皇后に託《よ》って、熊襲ではなく新羅への出兵を勧めた。しかし天皇は信用せず、熊襲攻撃を強行して敗北したという。そして九年丁未条で天皇の発病、翌日の死去をいう。年時などはもとより信用できないし、神の託宣についても史実かは問題があるが、大筋として、対熊襲戦争に敗北したあと死去したというのであろう。『日本書紀』は「一《ある》に云ふ」として天皇は「賊の矢に中《あた》りて崩《かむあが》りましぬ」と述べている。つまり、玄界灘地帯を掌握しながらも、大和政権は内陸部の倭国中枢部を攻略しきれなかったのである。『日本書紀』

が簡略に記しても、いかに、その勢力が頑強であったかがうかがえるであろう。

この天皇の死を、神の託宣とからめてさらに劇的にしているのが、『日本書紀』神功摂政前紀の仲哀九年十二月条の「一云」と『古事記』の記述で、ここでは、天皇は神託をうかがう場で急死したことになっている。いずれにしても、天皇は朝鮮への出兵をうながす神の託宣を信じずに、死去したというわけである。

では天皇に朝鮮への出兵をうながした神とはどのような神であるか。このことは、天皇の死後におこなわれた神寄せによってあきらかとなる。『日本書紀』は、その神としてまず、伊勢国の度逢《わたらい》県の拆鈴《さくすず》五十鈴《いすず》宮に居す撞賢木《つきさかき》厳之《いつの》御魂《みたま》天疎《あまさかる》向津《むかつ》媛《ひめ》命、ついで尾田の吾田節《あかたふし》の淡《あわ》郡に所居《いま》す神、さらに天事代《あめにことしろ》虚事代《そらにことしろ》玉籤入彦《たまくしいりびこ》厳之《いつの》事代《ことしろ》神、そして表筒男《うわつつのお》・中筒男《なかつつのお》・底筒男《そこつつのお》つまり住吉《すみのえ》三神であるという。『古事記』では、天照大神と表筒男・中筒男・底筒男という。

よくわからない神もふくまれているが、これらで共通するのが、表筒男・中筒男・底筒男つまり住吉三神である。この神は九州北部の海民が祭る神だと思われるので、朝鮮、とくに新羅への出兵は、玄界灘沿岸に位置した国々の願望だったのである。おそらく多数の軍勢を率いて北部九州に遠征した大和政権の遠征軍にたいして、それに服属した玄界灘沿岸諸国とすれば、その軍勢をもって半島に出兵してくれることが自分たちの利害に合致したのである。その意味では、大和政権の軍勢は、玄界灘諸国に利用されたともいえる。神秘的な霊験譚をとってはいるが、仲哀が拒否したのにたいして、神功はこのような北部九州の利害に沿った活動をとることを認めたわけである。

このように、九州北部とくに玄界灘の諸国は、朝鮮とくに新羅への出兵を期待して大和政権に帰服したと推測されるわけであるが、ではなぜ、これらの国々はそのような態度をとったのであろうか。その理由をうかがううえで重要なのが、『三国史記』新羅本紀によると、大和政権が朝鮮へ使節を派遣した三六六年の直前、奈勿尼師今《なこつにしきん》九年（三六四）に、倭人が慶州付近に攻め込み、新羅の伏兵に大敗したということである。

この出兵が大和政権によるものでないことは、この記録が『記紀』にみえないことであきらかであるし、また大和政権軍と対峙している状況では、倭国側もこのような出兵はできないであろう。したがって、三六四年の倭人の出兵は、大和政権が九州に至る直前の出来事であったと思われる。仲哀天皇が水軍をひきいて九州にあらわれたとき、あたかも新羅侵攻の失敗に直面していた玄界灘の倭人たちは、その軍事力を利用してこの敗北に報いようとして、あえて大和政権に服属したのではないかと、わたしは考えている。なお、この推定が正しければ、仲哀が九州に出兵した年代は三六四年から三六六年、おそらくは三六五年ごろのことと押さえることができよう。

ただし、これらの霊験譚《れいげんたん》が示唆するように、朝鮮への対応について仲哀と神功で方針が異なったかどうかは疑問である。というのは、すでに指摘したように、仲哀在世中に朝鮮への使者が派遣されているらしいからである。では、なぜ、このような霊験譚が語られたのか。その理由は、おそらく、仲哀の急死を説明するとともに神功が生んだのちの応神天皇の正当性を主張するためだったと思われる。じっさいには、仲哀は九州内陸部での戦闘を展開するとともに、朝鮮半島へのなんらかの交渉に着手していたのである。

朝鮮への使節

このとき朝鮮に派遣されたのが志摩《しま》宿禰であった。彼がいかなる人物かは不明だが、伊都国の故地であるのちの筑前国怡土《いと》郡の隣接して志摩郡があること、また伊都国の官、泄謨觚や奴国の官、兕馬觚がともにシマコと読めることなどからみて、志摩宿禰は倭国の人物だった可能性がたかい。そもそもそれまで朝鮮と交渉をもったことのない大和政権にとっては、倭国の人物を水先案内にする以外に方法がなかったであろう。

しかし、倭国との戦争がなされようとしているのに、なぜ仲哀は朝鮮に使者を派遣したのであろうか。その真意を推測する材料が、百済にたどりついた最初の使者に、百済の肖古王《しょうこおう》が五色の綵絹《しみのきぬ》各一匹、角弓箭《つののゆみや》、鉄鋌《ねりかね》四〇枚を与えたという記載である。このうち綵絹以外は武器とその原料とみてまちがいない。とくに、当時鉄は朝鮮半島から入手していた。『魏志』弁辰伝に「国、鉄を出だす。韓・濊《わい》・倭、皆従ってこれを取る」とみえる。ここでいう倭とは北部九州を中心とした倭国とみるべきであるから、当時、大和政権に抵抗していた邪馬台国を中心とする倭国は、その鉄資源を朝鮮に仰いでいたわけである。推測にすぎるかも知れないが、大和政権にたいしてかくも頑強に九州の倭国が抵抗できたのも、朝鮮からの鉄の入手があったからではなかろうか。このようにみれば、仲哀が朝鮮に使者を派遣したのは、倭国と朝鮮諸国との連絡を絶ち、鉄などを入手できなくするとともに、あわせて朝鮮から大和政権が武器や鉄を入手しようとしたものではなかったかと思われてくる。

このように、内陸部への侵攻とあいまって、朝鮮に使者を派遣し、朝鮮と倭国との連絡を絶ち、あわせて朝鮮から武器や鉄資源を入手すること、これが北部九州に進駐したあと、帰順した地元の勢力の協力を得て大和政権のとった戦略であったらしい。だが、使節を派遣したあと、天皇は倭国との戦いに臨み、亡くなってしまう。この死因について『日本書紀』の「一云《あるにいわく》」は天皇が熊襲の矢にあたって死去した、つまり戦死したと記す。大和政権にとっては手痛い敗北といわねばならない。天皇の死と朝鮮への使者の帰還との前後関係は微妙であるが、おそらく使者の帰国によって、百済からの物資入手のめどがたったので、あえて攻撃に着手したのではなかろうか。しかし、その攻撃は失敗し、翌三六七年に百済と新羅の使いが来たときには天皇はすでに死去していた。

天皇の死体は穴門に運ばれたという。その死があきらかになれば士気にかかわると考えられたのであろう。ことここにいたっては、兵をひきあげるべきであるかもしれない。大和政権は窮地に陥ったであろう。だが、ここに朗報がもたらされた。百済と新羅から使節がやって来たのである。『日本書紀』はこの使節について「先王の所望したまひし国人」と述べるが、倭国とくに邪馬台国との戦争という状況下でのこととすれば、仲哀がそれを切望した意味も納得されるだろう。この使節がどのようなものをもたらしたかははっきりとはしないが、先に百済王が大和政権からの使者に与えた五色の綵絹や角弓箭、鉄鋌などが含まれていたであろう。ここにおいて、大和政権は朝鮮から武器や鉄を入手することが可能となったのである。これが大和王権側の優位をおそらく決定づけたと思われる。

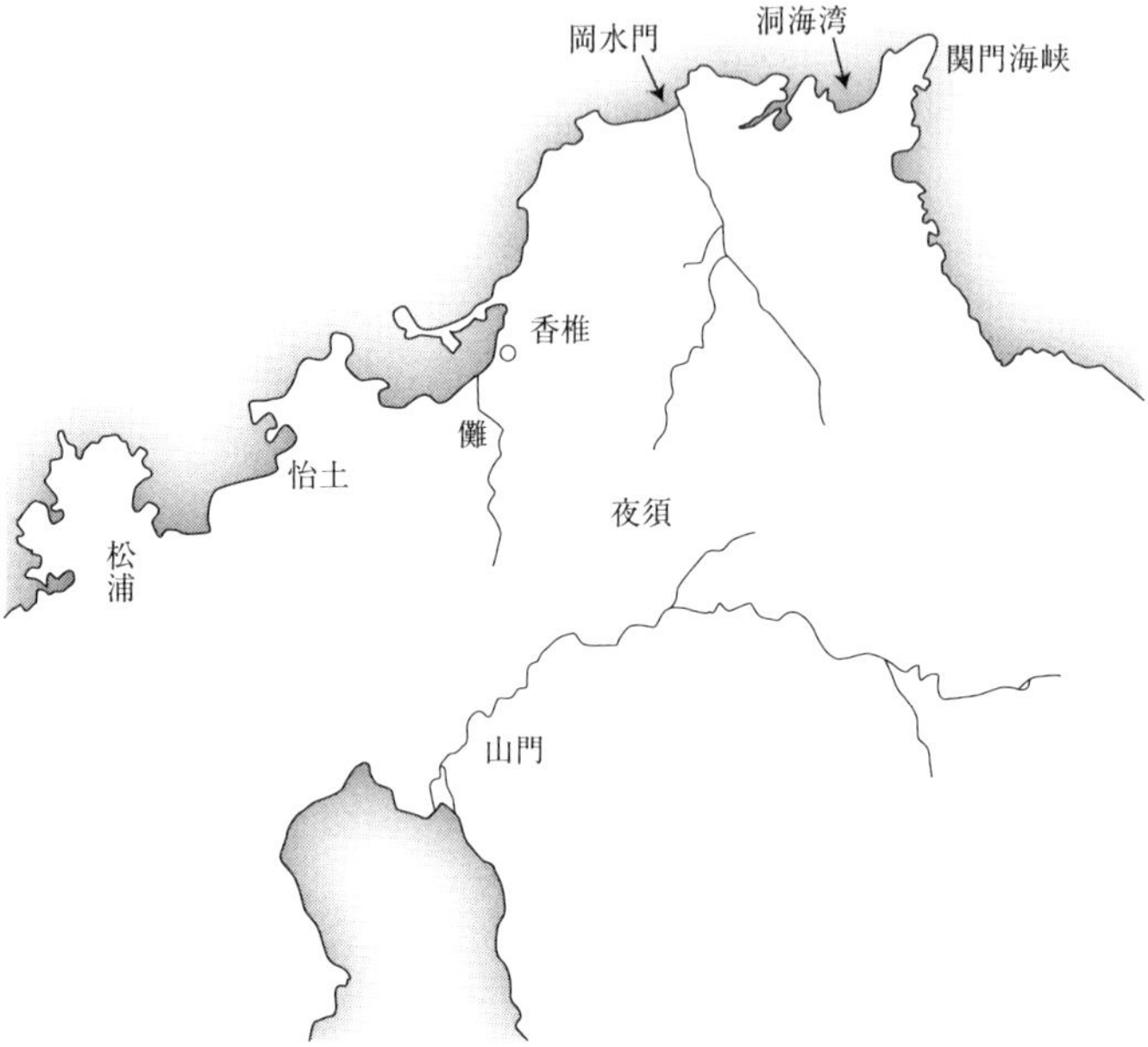

図16　邪馬台国の滅亡関係地図

最後の戦い

『日本書紀』は、天皇の死後、后の神功が指揮をとって、吉備臣の祖、鴨別を遣わして熊襲を撃つという。いよいよ、倭国との最後の戦いが始まったわけである。当面の敵は今の甘木《あまぎ》市のあたりとされる荷持田《のとりた》村の羽白熊《はしろくま》鷲《わし》である。皇后らはまず博多湾岸の橿日《かしひ》宮（香椎）から内陸の松峡《まつお》宮（御笠）、現在の太宰府周辺に進み、層増岐野《そそきの》というところに至って羽白熊鷲を撃滅した。その場所を安《やす》というとあるから筑前国夜須《やす》郡である。この甘木市付近は安本美典氏や奥野正男氏が邪馬台国の所在地だと推定した場所である（安本美典『邪馬台国と卑弥呼の謎』、奥野正男『邪馬台国発掘』）。わたしはその説はとらないが、たしかに倭国の拠点のひとつではあったのである。そしていよいよ山門県《やまと》に至り、田油津媛《たぶらつひめ》を誅殺することとなる。このとき田油津媛の兄、夏羽《なつは》という者が軍《いくさ》をおこして迎えたが、妹が殺されたことを聞いて逃亡したという。

この山門が『倭人伝』にいう邪馬台国であることは、もはや多言を要しないであろう。具体的にいかなる戦闘がおこなわれたのか、文献からはいっさいわからない。ただあきらかなことは、『日本書紀』にはこれ以降の戦闘は記されず、ここで大和政権の九州制圧が完了したということである。また、田油津媛が卑弥呼同様、邪馬台国ではなく倭国の女王であったかも、もはやたしかめるすべはない。しかし思うに、この山門の攻略をもって畿内大和政権の九州遠征が完了していることの意味は大きい。いわば、この地は大和政権の遠征にとっての本丸だったのである。そのようにみれば、周辺諸国の離反に会ってその勢力範囲は狭められていたとはいいながらも、田油津媛は最後にのこった倭国の女王であった可能性はたかいと思う。ここをもって、邪馬台国そして倭国は最終的に滅んだ。それは同時に、大和政権による列島統一の完了をも意味した。邪馬台国はまさに大和政権に対抗する最後の抵抗の砦だったのである。その最後の砦が陥落したのは、仲哀天皇の死後、朝鮮から使者のやってきた三六七年から、大和政権が朝鮮に出兵する三六九年の間の出来事であった。卑弥呼の死後、一二〇年ばかりのちになって、邪馬台国は滅亡したのである。

そして、大和政権はひきつづき朝鮮半島に出兵する。その朝鮮遠征に先立ち、神功は神祇を祭るために神田を作ったが、そのとき儺《な》の河の水を引くための溝を掘った。儺の河は博多を流れる那珂《なか》川だから、これは博多の住吉神社の起源を意味する。つまり、外征にさいして神功は住吉三神を祭っているのであって、このことは、その背景に住吉神を信仰する九州北部の国々の利害がからんでいたことを暗示している。同時に、このときの出兵は加羅諸国と百済を支援するものでもあった。大和政権が百済側に立って出兵したのは、おそらく倭国との戦いに百済になにがしかの借り、具体的には武器や鉄資源の供給があったからではないかとわたしは思う。

その後、朝鮮出兵を成功裏におえ、神功と武内宿禰らの一行は、九州で生まれた仲哀の遺児を擁して畿内に凱旋し、留守政府のオシクマ王らの抵抗を排除して、政権を掌握する。列島はこの政権によってほぼ統一された。日本の古代史はここにあらたな段階に入ることとなる。

大和政権と征服の思想――エピローグ

本書では、ここまで主に『記紀』を用いて邪馬台国問題ひいては大和政権の支配の拡大をあとづけてきた。そこには大きな矛盾や自己撞着は認められず、無理な解釈やこじつけなどする必要もなく、一定の歴史過程が復元できたことの意義は大きい。これからは史科についての予断や仮想から出発した議論ではなく、ここで示された歴史過程そのものの妥当性を議論しなければ、古代史学の進展は望めない。

大和政権の性格

ここであらためて思うのは、なぜ大和政権は日本列島をほぼ統一することとなったのだろうかということである。それはこの政権が好戦的であり、征服欲がたくましかったからともいえようが、そればかりではなかろう。まず第一に、政治的にはともかく生活様式や文化面では、日本列島の住民はほぼ共通したものをもつようになっていたことがあげられる。それは中国側からも朝鮮半島の韓にたいして倭として弁別されていたことからも、そして日本列島のさらに東の住民も倭種として把握されていたことからもあきらかであろう。したがって、民族という呼び方が正しいかはともかくとしても、日本列島の住民は政治的に統一されておかしくはない段階にあったのである。

ただその統一をなしとげたのが、ほかでもなく大和の勢力だったのはどういうことであろうか。まず考えられるのが、大和政権の性格である。すでにくわしく論じたように、それは奈良盆地の農業共同体のなかから生まれてきたものではなく、九州からの征服によって形成されたのである。征服によって生まれたということが、大和政権ないし王権の専制的な性格を規定しているといえないだろうか。そして、そのような性格を背景にして、大和政権は王族による地方支配を拡充し、それをつうじた軍事力の動員をも可能としたのである。

いっぽう、倭国は『魏志倭人伝』にみえるように三世紀の前半、倭国王卑弥呼を戴《いただ》きながらも、実質的には小国家の集まりであった。そのような状態は、景行や仲哀の遠征まで続いていたらしい。大和政権に帰順したり抵抗したりと、各豪族つまり地域王権がバラバラな態度をとるのは、むしろまとまりが弱まっているような感じさえする。つまり倭国はすくなくとも三世紀前半から四世紀半ばまで、統一化の動きがなかったのである。思うに、倭国では大和政権のように征服関係によって王権が生まれたのではなかった。それが長く小国家の連合体というその地域の性格を規定していたのではなかろうか。もちろん、そのことが倭国が大和政権に征服された決定的な理由ではないだろう。ポリスの連合体であるギリシャが専制帝国ペルシャに勝利した事例もある。しかし倭国はギリシャにはなれず、邪馬台国はアテネにはなれなかった。そのことを解明するのが古代史家のおおきなつとめであるとわたしは思う。

征服の思想

ところで、文献からは大和からの攻撃はみとめられるが、地方の勢力が大和の勢力に積極的に挑んだような形跡がない。これはやはり、大和の勢力がその征服を正当視するようなイデオロギーを有していたからなのではなかろうか。つまり、わたしは、大和政権を統一戦争に駆り立てた背後にはなんらかの思想があったと思うのである。最後にその点について憶測を述べておきたい。

統一がすすむにつれて、それまで列島各地の勢力がもっていたのとかわらない大和王権の起源神話が再編されてきた。とくに出雲征服を正当化するための操作がおこなわれたらしいことはすでにみた。その過程で、出雲の国譲りは地上世界全体が天上の神に譲られることとなり、これが地上世界、具体的には日本列島を天神の子孫が統治することの正当性を主張することとなる。そしてさらに、但馬や出雲などの王権とまったく同様の、天から祖先が降臨したという大和王権の起源神話が、地上世界を支配するために降臨したというあらたな意味を付与されて再編されていく。これが天孫降臨である。そして、そのさいに地上世界を統治すべきであるという神勅があったことにまで発展するのである。

じっさい、日本人の上に皇室が君臨するという今日までつづくあり方――それをかつては国体と呼んだのだが――の根拠は、つまるところ、地上の統治は神から委託されたものだという、この天孫降臨の神話にもとめられる。その意味で、『記紀』の伝える神話は政治的なものであるが、最初からすべてその目的で造作されたものではなく、あくまで当初は地方王権の神話としてごくありふれたものだったと、わたしは考えているのである。このような神話の再編がいつ完了したかはいまのところ判然としないが、出雲世界の服属を正当化する神話の再編が垂仁朝のころにあったとすれば、そのあとの景行朝のころ、征服戦争が加熱するのに平行して、大和政権が地上世界に君臨すべしとするイデオロギーが形成されたように思うのだが、いかがであろうか。

さて、神功・応神朝以降、大和政権は朝鮮半島南部への干渉をおこない、それは六世紀半ばの欽明朝まで継続する。朝鮮半島南部にはかつての倭国同様、小国家の連合体である加羅があり、大和政権同様、王権を充実させた百済と新羅があった。そしてその北には強大な勢力をもつ高句麗があった。それらの国々と大和政権がいかにかかわるのか。日本列島における統一王権の成立は、朝鮮半島へも出兵する軍事国家が東アジアの一角にその姿をあらわしたことでもあった。これはその後の極東古代史の流れをおおきく変えていくことになるのだが、そのことをあきらかにするのは、邪馬台国の滅亡によって大和王権が列島の大部分を征服したことを論じる本書の目的をこえている。あらたな機会を得てそのありさまを描いてみたく思う。

あとがき

わたしが邪馬台国の所在地について確信を得たのは、神功皇后の問題を検討するなかで、大和王権が四世紀後半になってはじめて北部九州を制圧したことを知ったときからである。一〇年余り前のことだが、じつはそんなことは、神功皇后の実年代が明らかになれば、とうぜんわかるはずなのである。つまり、邪馬台国の場所については、『日本書紀』紀年論のなかですでに解決されていたのであって、いってみれば、邪馬台国論争とは研究者が一般国民をも巻き込んでつくりあげたひとつの仮想現実《バーチャルリアリティ》にほかならなかったのである。

さて、邪馬台国や倭国と大和王権との関係を文献を通して検討してみようとすれば、その史料は『古事記』『日本書紀』をはじめとする国内文献以外にはありえない。つまり、これらの文献を抜きにしては、日本列島での国家形成史を描くのは不可能なのである。

思えば、日本列島にいくつも存在したと思われる地域王権の歴史がほとんどわからないのにたいして、たとえ大和王権の立場からとはいえ、律令国家がいわゆる「建国」の歴史、つまり国家形成についての伝えを『古事記』や『日本書紀』というかたちで後世に伝えてくれたことは、このうえもなく尊いことといわねばならない。そして、いまはそれしか残っていないのだから、まずはそれらによって研究をすすめるのは当たり前である。この貴重な情報を活用しないとはなんと「もったいない」ことであろう。

もちろん、そのすべてが正しい情報かどうかは問題がある。そこで史料として活用するまえに、これらの文献の性格などを吟味すべきだという論もあるが、それではいつまでたっても歴史を書くことはできない。まずは残された文献からどのような歴史像が描けるかを検討すべきで、その過程で矛盾や齟齬が確認されれば修正を加えればよい話なのである。くどいようだがこれがわたしの立場であり、本書はこの立場から書かれた。もちろん、このような立場はわたし一人のものではない。本書執筆にあたっても、同様の方法論を用いておられる田中卓氏や原秀三郎氏の研究にはおおくの示唆をうけた。ただ、本書では自説を主張することに主眼を置いたため、それまでの研究への批判・検討をほとんどおこなわなかった。その点、あらためてご了承を得たいと思う。また、本書でわたしが展開した議論についても、すでに同様の見解が発表されているかも知れない。浅学のための非礼とはいえ、おゆるしいただきたいと願う。

ただし、国内史料を用いても、各地域がどのようにして大和王権に服属していったのかは具体的にはほとんどわからない。そこで、これからは考古学との連携が重要になってくる。マクロな歴史過程は文献があきらかにしているから、あとはミクロの側面を考古学の成果によっておさえてゆけばよい。これは各地域での弥生から古墳への移行の問題を解明することでもあろう。とくに奈良県桜井市の纒向《まきむく》遺跡は本文でも述べたように、大和王権の中枢部と思われ、今後の発掘が期待されるが、わたしはさらに大和王権の祭祀場と推定される鳥見山《とみやま》周辺にも重要な遺跡が眠っていると考えている。また邪馬台国の所在地、とくに卑弥呼の宮殿については、筑後平野地域で聖なる山がどこだったのかを見極めるのがもっとも重要であろう。その山の麓あたりに卑弥呼の宮殿が眠っているにちがいない。具体的にはまだ検討中だが、神籠石《こうごいし》のある女山《ぞやま》など、その候補となるかも知れない。

じつは、本書を書くことにわたしにはすこし躊躇があった。というのは、わたしが歴史学の手ほどきを受けた先生や先輩、知友には邪馬台国・畿内大和説を支持、主張されている方々が少なからずおられるが、はたしてそれらの方々を納得させることができるのか不安だったのである。その不安は本書を書き上げた今も拭えてはいないが、国家形成の歴史は国内文献を無視しては描けないというわたしの思いは伝わったことと信じる。おそらくまだ声には出さないけれど、同じ思いを抱いている人はきっといる。わたしの声はまだ、かぼそく小さいけれど、やがてみんなの声が集まれば古代史はきっと変わる。

さて、本書の題名は吉川敏子さん、サブ・タイトルは編集部の発案によるものである。また、倉本一宏さんには吉川弘文館とのなかを取り持っていただいた。そして著者近影は、わたしもお手伝いさせてもらっている大阪府高齢者大学校での受講生、松本敏夫さんに撮影していただいた。みなさんにあつくお礼を申し上げる次第である。

このところ、中学時代の友人と会う機会がふえた。邪馬台国をみつけるというあのころ抱いた夢を、今この本を書き上げて、ようやくかなえることができた。だからあれから過ごしてきた時間はけっして無駄ではなかったのだろう。いまは、邪馬台国や卑弥呼という言葉を覚えはじめた史緒《ふみお》、幸緒《ゆきお》、貴緒《たかお》の三兄弟がこの本を手にしてくれる日のくることを心から願っている。

二〇一〇年一月五日

若井敏明

主要参考文献

榎　一雄『邪馬台国』一九六〇年、至文堂
奥野正男『邪馬台国発掘』一九八三年、ＰＨＰ研究所
岸　俊男「「倭」から「ヤマト」へ」『古代の日本』1、一九八五年、中央公論社
小路田泰直『「邪馬台国」と日本人』二〇〇一年、平凡社
小路田泰直『奈良試論』二〇〇七年、楽史社
佐伯有清『研究史邪馬台国』一九七一年、吉川弘文館
佐伯有清『研究史戦後の邪馬台国』一九七二年、吉川弘文館
佐伯有清『邪馬台国論争』二〇〇六年、岩波書店
坂本太郎『国家の誕生』（日本の歴史文庫2）一九七五年、講談社
千田　稔『邪馬台国と近代日本』二〇〇〇年、日本放送出版協会
田中　卓『海に書かれた邪馬台国』一九七五年、青春出版社
田中　卓「古代出雲攷」『日本国家の成立と諸氏族』（著作集2）一九八六年、国書刊行会
田中　卓『日本国家の成立』一九九二年、皇学館大学出版部
塚口義信「佐紀盾列古墳群とその被葬者たち」『ヤマト王権の謎をとく』一九九三年、学生社
鳥越憲三郎『大いなる邪馬台国』一九七五年、講談社

直木孝次郎「〝やまと〟の範囲について」『日本古代文化論攷』一九七〇年、吉川弘文館
西嶋定生『邪馬台国と倭国』一九九四年、吉川弘文館
原秀三郎『日本古代国家の起源と邪馬台国』（国民会館叢書51）二〇〇四年、国民会館
宝賀寿男『「神武東征」の原像』二〇〇六年、青垣出版
安本美典『邪馬台国と卑弥呼の謎』一九八七年、潮出版社
横田健一「日本古代における鏡の移動」『古代文化』一号、一九五八年
横田健一「葛木御歳神社の生贄と祈年祭」『飛鳥の神がみ』一九九二年、吉川弘文館
若井敏明「三輪山の神とその周辺」、大和を歩く会編『古代中世史の探究』二〇〇七年、法藏館

著者紹介

一九五八年、奈良県に生まれる
一九八一年、大阪大学文学部国史学科卒業
一九八七年、関西大学大学院博士後期課程単位修得
現在、関西大学・佛教大学・神戸市外国語大学非常勤講師

主要著書
平泉澄
民衆の導者 行基(共著)
仁徳天皇
「神話」から読み直す古代天皇史
謎の九州王権

歴史文化ライブラリー
294

邪馬台国の滅亡
大和王権の征服戦争

二〇一〇年(平成二十二)四月一日 第一刷発行
二〇二二年(令和 四)三月二十日 第六刷発行

著者 若《わか》井《い》敏《とし》明《あき》

発行者 吉川道郎

発行所 株式会社 吉川弘文館
東京都文京区本郷七丁目二番八号
郵便番号一一三―〇〇三三
電話〇三―三八一三―九一五一〈代表〉
振替口座〇〇一〇〇―五―二四四
http://www.yoshikawa-k.co.jp/

印刷=株式会社 平文社
製本=ナショナル製本協同組合
装幀=清水良洋

ISBN978-4-642-05694-6

歴史文化ライブラリー

1996.10

刊行のことば

現今の日本および国際社会は、さまざまな面で大変動の時代を迎えておりますが、近づきつつある二十一世紀は人類史の到達点として、物質的な繁栄のみならず文化や自然・社会環境を謳歌できる平和な社会でなければなりません。しかしながら高度成長・技術革新にともなう急激な変貌は「自己本位な刹那主義」の風潮を生みだし、先人が築いてきた歴史や文化に学ぶ余裕もなく、いまだ明るい人類の将来が展望できていないようにも見えます。このような状況を踏まえ、よりよい二十一世紀社会を築くために、人類誕生から現在に至る「人類の遺産・教訓」としてのあらゆる分野の歴史と文化を「歴史文化ライブラリー」として刊行することといたしました。

小社は、安政四年（一八五七）の創業以来、一貫して歴史学を中心とした専門出版社として書籍を刊行しつづけてまいりました。その経験を生かし、学問成果にもとづいた本叢書を刊行し社会的要請に応えて行きたいと考えております。

現代は、マスメディアが発達した高度情報化社会といわれますが、私どもはあくまでも活字を主体とした出版こそ、ものの本質を考える基礎と信じ、本叢書をとおして社会に訴えてまいりたいと思います。これから生まれでる一冊一冊が、それぞれの読者を知的冒険の旅へと誘い、希望に満ちた人類の未来を構築する糧となれば幸いです。

吉川弘文館

歴史文化ライブラリー

古代史

邪馬台国の滅亡 大和王権の征服戦争——若井敏明
日本語の誕生 古代の文字と表記——沖森卓也
日本国号の歴史——小林敏男
日本神話を語ろう イザナキ・イザナミの物語——中村修也
六国史以前 日本書紀への道のり——関根 淳
東アジアの日本書紀 歴史書の誕生——遠藤慶太
〈聖徳太子〉の誕生——大山誠一
倭国と渡来人 交錯する「内」と「外」——田中史生
大和の豪族と渡来人 葛城・蘇我氏と大伴・物部氏——加藤謙吉
物部氏 古代氏族の起源と盛衰——篠川 賢
白村江の真実 新羅王・金春秋の策略——中村修也
よみがえる古代山城 国際戦争と防衛ライン——向井一雄
よみがえる古代の港 古地形を復元する——石村 智
古代氏族の系図を読み解く——鈴木正信
古代豪族と武士の誕生——森 公章
飛鳥の宮と藤原京 よみがえる古代王宮——林部 均
出雲国誕生——大橋泰夫
古代出雲——前田晴人
古代の皇位継承 天武系皇統は実在したか——遠山美都男
古代天皇家の婚姻戦略——荒木敏夫
壬申の乱を読み解く——早川万年
戸籍が語る古代の家族——今津勝紀
万葉集と古代史——直木孝次郎
地方官人たちの古代史 律令国家を支えた人びと——中村順昭
古代の都はどうつくられたか 中国・日本・朝鮮・渤海——吉田 歓
平城京に暮らす 天平びとの泣き笑い——馬場 基
平城京の住宅事情 貴族はどこに住んだのか——近江俊秀
すべての道は平城京へ 古代国家の〈支配の道〉——市 大樹
都はなぜ移るのか 遷都の古代史——仁藤敦史
古代の都と神々 怪異を吸いとる神社——榎村寛之
聖武天皇が造った都 難波宮・恭仁宮・紫香楽宮——小笠原好彦
天皇側近たちの奈良時代——十川陽一
藤原仲麻呂と道鏡 ゆらぐ奈良朝の政治体制——鷺森浩幸
遣唐使の見た中国——古瀬奈津子
古代の女性官僚 女官の出世・結婚・引退——伊集院葉子
〈謀反〉の古代史 平安朝の政治改革——春名宏昭
平安朝 女性のライフサイクル——服藤早苗

歴史文化ライブラリー

平安貴族の住まい 寝殿造から読み直す日本住宅史―藤田勝也
平安京のニオイ―安田政彦
平安京の災害史 都市の危機と再生―北村優季
平安京はいらなかった 古代の夢を喰らう中世―桃崎有一郎
天神様の正体 菅原道真の生涯―森 公章
平将門の乱を読み解く―木村茂光
安倍晴明 陰陽師たちの平安時代―繁田信一
平安時代の死刑 なぜ避けられたのか―戸川 点
古代の神社と神職 神をまつる人びと―加瀬直弥
古代の食生活 食べる・働く・暮らす―吉野秋二
大地の古代史 土地の生命力を信じた人びと―三谷芳幸
時間の古代史 霊鬼の夜、秩序の昼―三宅和朗

中世史

列島を翔ける平安武士 九州・京都・東国―野口 実
源氏と坂東武士―野口 実
敗者たちの中世争乱 年号から読み解く―関 幸彦
平氏が語る源平争乱―永井 晋
熊谷直実 中世武士の生き方―高橋 修
中世武士 畠山重忠 秩父平氏の嫡流―清水 亮
頼朝と街道 鎌倉政権の東国支配―木村茂光
六波羅探題 京を治めた北条一門―森 幸夫
大道 鎌倉時代の幹線道路―岡 陽一郎
仏都鎌倉の一五〇年―今井雅晴
鎌倉北条氏の興亡―奥富敬之
鎌倉幕府はなぜ滅びたのか―永井 晋
三浦一族の中世―高橋秀樹
伊達一族の中世 「独眼龍」以前―伊藤喜良
弓矢と刀剣 中世合戦の実像―近藤好和
その後の東国武士団 源平合戦以後―関 幸彦
荒ぶるスサノヲ、七変化 〈中世神話〉の世界―斎藤英喜
曽我物語の史実と虚構―坂井孝一
鎌倉浄土教の先駆者 法然―中井真孝
親 鸞―平松令三
親鸞と歎異抄―今井雅晴
畜生・餓鬼・地獄の中世仏教史 因果応報と悪道―生駒哲郎
神や仏に出会う時 中世びとの信仰と絆―大喜直彦
神仏と中世人 宗教をめぐるホンネとタテマエ―衣川 仁
神風の武士像 蒙古合戦の真実―関 幸彦

歴史文化ライブラリー

歴史文化ライブラリー

天下統一とシルバーラッシュ 銀と戦国の流通革命——本多博之

世界史

神々と人間のエジプト神話 魔法・冒険・復讐の物語——大城道則
中国古代の貨幣 お金をめぐる人びとと暮らし——柿沼陽平
渤海国とは何か——古畑 徹
古代の琉球弧と東アジア——山里純一
アジアのなかの琉球王国——高良倉吉
琉球国の滅亡とハワイ移民——鳥越皓之
イングランド王国前史 アングロサクソン七王国物語——桜井俊彰
フランスの中世社会 王と貴族たちの軌跡——渡辺節夫
ヒトラーのニュルンベルク 第三帝国の光と闇——芝 健介
人権の思想史——浜林正夫

考古学

タネをまく縄文人 最新科学が覆す農耕の起源——小畑弘己
イヌと縄文人 狩猟の相棒、神へのイケニエ——小宮 孟
老人と子供の考古学——山田康弘
顔の考古学 異形の精神史——設楽博己
〈新〉弥生時代 五〇〇年早かった水田稲作——藤尾慎一郎
文明に抗した弥生の人びと——寺前直人
樹木と暮らす古代人 木製品が語る弥生・古墳時代——樋上 昇
アクセサリーの考古学 倭と古代朝鮮の交渉史——高田貫太
古 墳——土生田純之
東国から読み解く古墳時代——若狭 徹
埋葬からみた古墳時代 女性・親族・王権——清家 章
神と死者の考古学 古代のまつりと信仰——笹生 衛
土木技術の古代史——青木 敬
国分寺の誕生 古代日本の国家プロジェクト——須田 勉
東大寺の考古学 よみがえる天平の大伽藍——鶴見泰寿
海底に眠る蒙古襲来 水中考古学の挑戦——池田榮史
銭の考古学——鈴木公雄
中世かわらけ物語 もっとも身近な日用品の考古学——中井淳史
ものがたる近世琉球 喫煙・園芸・豚飼育の考古学——石井龍太

各冊一七〇〇円～二一〇〇円（いずれも税別）
▽残部僅少の書目も掲載してあります。品切の節はご容赦下さい。
▽品切書目の一部について、オンデマンド版の販売も開始しました。
詳しくは出版図書目録、または小社ホームページをご覧下さい。